W0046310

Baby
Betriebsanleitung

[Vorderansicht]

[Seitliche Ansicht von vorne]

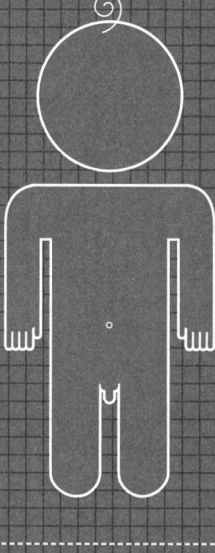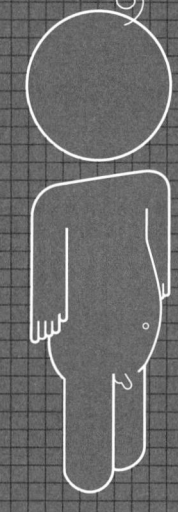

[Seitliche Ansicht von hinten]

[Rückansicht]

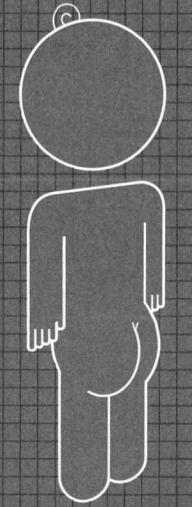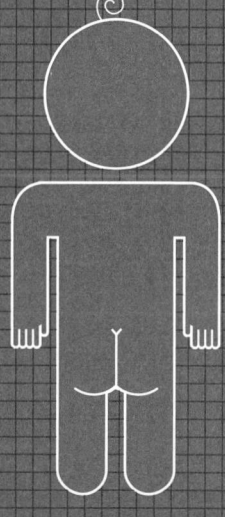

Baby
Betriebsanleitung

INBETRIEBNAHME, WARTUNG UND
INSTANDHALTUNG

Dr. Louis Borgenicht / Joe Borgenicht

Illustrationen von Paul Kepple und Jude Buffum

Aus dem Amerikanischen von Birgit Franz

mosaik

Alle Ratschläge in diesem Buch wurden von den Autoren und vom Verlag sorgfältig
erwogen und geprüft. Eine Garantie kann dennoch nicht übernommen werden.
Eine Haftung der Autoren beziehungsweise des Verlags und seiner Beauftragten für
Personen-, Sach- und Vermögensschäden ist daher ausgeschlossen.

Sollte diese Publikation Links auf Webseiten Dritter enthalten, so übernehmen wir
für deren Inhalte keine Haftung, da wir uns diese nicht zu eigen machen, sondern
lediglich auf deren Stand zum Zeitpunkt der Erstveröffentlichung verweisen.

 Dieses Buch ist auch als E-Book erhältlich.

MIX
Papier aus verantwor-
tungsvollen Quellen
FSC
www.fsc.org
FSC® C106600

Verlagsgruppe Random House FSC® N001967

14. Auflage
Vollständige, überarbeitete und aktualisierte Ausgabe März 2014
© 2014 der deutschsprachigen Ausgabe
Wilhelm Goldmann Verlag, München,
in der Verlagsgruppe Random House GmbH, Neumarkter Str. 28, 81673 München
Dieses Buch erschien bereits in anderer Ausstattung im Verlag Sanssouci
im Carl Hanser Verlag GmbH & Co. KG, München
© 2003, 2012 by Quirk Productions, Inc.
All rights reserved.
Originaltitel: *The Baby Owner's Manual. Operation Instructions, Trouble-Shooting Tips
and Advice on First-Year Maintenance*
Originalverlag: Quirk Books, Philadelphia, Pennsylvania
Umschlaggestaltung: Eisele Grafik Design, unter Verwendung eines Entwurfs von
Headcase Design
Umschlagillustration: © 2003, 2012 Headcase Design
Layout & Illustrationen: Paul Kepple und Jude Buffum © 2003, 2012 Headcase Design
Redaktion: Kerstin Uhl
Satz: Lorenz & Zeller, Inning am Ammersee
Druck und Bindung: DZS Grafik, Ljubljana
CB · Herstellung: IH
Printed in Slovenia
ISBN 978-3-442-39250-6

www.mosaik-verlag.de

Inhalt

ANHANG

Willkommen

in der Welt Ihres neuen Babys!

Herzlichen Glückwunsch zur Geburt Ihres neuen Babys!

Dieses Baby weist überraschende Übereinstimmungen mit anderen Geräten in Ihrem Haushalt auf. Wie ein PC benötigt es eine Energieversorgung zur Ausführung seiner komplexen Aufgaben und Funktionen. Für eine optimale Darstellungsqualität muss der Kopf des Babys, wie der des Druckers, regelmäßig gereinigt werden. Und wie ein Auto wird Ihr Baby unangenehme Abgase in die Atmosphäre ausstoßen.

Aber es gibt einen wesentlichen Unterschied: PCs, Drucker und Autos – sie alle werden mit einer Bedienungsanleitung geliefert. Neugeborene nicht. Daher das Buch, das Sie in Händen halten. *Das Baby* ist ein umfassendes Benutzerhandbuch, mit dessen Hilfe Sie maximale Leistungen und optimale Resultate bei Ihrem Neugeborenen erzielen.

Es ist nicht notwendig, das ganze Handbuch von vorne bis hinten zu lesen. Zum einfachen Gebrauch ist dieser Leitfaden in sieben Abschnitte eingeteilt. Haben Sie eine Frage oder ein Problem, wenden Sie sich einem der folgenden Kapitel zu:

VORBEREITUNG UND INSTALLATION: beschreibt, wie Sie die Lieferung des Babys am besten vorbereiten. Sie bekommen wertvolle Informationen über die Konfiguration des Babyzimmers und die Wahl des Transportzubehörs (einschließlich beliebter Gegenstände, die als Kinderwagen und Tragen bekannt sind).

ALLGEMEINE WARTUNGSHINWEISE: beschäftigt sich mit wirkungsvollen Techniken zur Handhabung und zum Halten und Beruhigen des Babys. Es illustriert außerdem komplexe Abläufe wie Einwickeln und Babymassage und stellt Spielzeuge vor, die der Entwicklung des Babys förderlich sind.

FÜTTERN: bietet einen fundierten Leitfaden zum Verständnis der Energieversorgung des Babys. Dieses Kapitel enthält detaillierte Anleitungen zum Stillen, Flaschenfüttern und zum „Bäuerchen machen" sowie zur Umstellung auf feste Nahrung.

PROGRAMMIERUNG DES SCHLAFMODUS: beschreibt erprobte Trainingsmethoden für das nächtliche Durchschlafen. Es enthält Anleitungen zum Umgang mit Schlafstörungen und Überreizung und der Konfiguration der Schlafumgebung des Babys.

INSTANDHALTUNG: ist wichtig für die Sicherheit, Hygiene und das Wohlbefinden aller Neugeborenen. Dieses Kapitel bietet detaillierte Informationen über die Re-Installierung der Windeln, die Reinigung des Babys und das Haareschneiden.

WACHSTUM UND ENTWICKLUNG: erläutert Methoden zum Test der Baby-Reflexe und zur Identifizierung wichtiger Entwicklungsschritte. Dieses Kapitel erklärt auch fortgeschrittene motorische und sensorische Applikationen wie Krabbeln, Sich-Hochziehen oder Babysprache.

SICHERHEITSHINWEISE UND NOTFALLVERSORGUNG: beschäftigt sich mit den besten Methoden, die Umgebung des Babys kindersicher zu machen. Sie finden wichtige Hinweise zu erster Hilfe bei verschluckten Gegenständen und Herz-Lungen-Reanimation wie auch zur Beobachtung der Gesundheit Ihres Babys. Der Anwender kann leichtere Erkrankungen oder Beschwerden wie Milchschorf, Schluckauf oder Bindehautentzündung in einem Glossar nachschlagen.

Bei sorgfältiger Behandlung und Wartung wird Ihnen Ihr Baby viele Jahre lang Liebe, Zuneigung und Freude schenken. Den Umgang mit einem Baby zu lernen erfordert allerdings Übung. Haben Sie also Geduld. In den nächsten Monaten werden Sie eventuell das Gefühl von Frustration, Unfähigkeit, Hoffnungslosigkeit und Verzweiflung erleben. Diese Gefühle sind völlig normal – und werden mit der Zeit verschwinden. Eines Tages werden Ihnen das Windelwechseln und die Zubereitung der Flaschenmilch so einfach vorkommen wie das Hochfahren Ihres PCs oder das Einstellen Ihres Radioweckers. Und dann werden Sie wissen, dass Sie die Elternschaft wirklich beherrschen.

Viel Glück und viel Freude mit Ihrem Baby!

WEITERES ZUBEHÖR (nicht im Lieferumfang enthalten)

Für die Installation, Wartung und Instandhaltung des neuen Babys bereithalten

Fläschchen	Fertigmilch	Brei	Trinkbecher
Schnuller	Schwamm	Seife	Handtücher und Decken
Shampoo	Creme	Wundcreme	Lotion	Feuchttücher
Windeln	Kleidung	Kopfbedeckung	Spielzeug

Das Baby:
Schaubild und Lieferumfang

Nahezu alle aktuellen Modelle werden mit folgenden bereits vorein-gestellten Eigenschaften und Leistungsmerkmalen geliefert. Nehmen Sie umgehend Kontakt mit Ihrem Service-Provider auf, wenn eines oder mehrere der hier beschriebenen Teile nicht funktionsfähig sind.

Der Kopf

Kopf: Kann anfangs ungewöhnlich groß oder sogar kegelförmig sein, je nach Modell und Lieferart. Ein kegelförmiger Kopf rundet sich nach vier bis acht Wochen.

Kopfumfang: Der durchschnittliche Kopfumfang aller Modelle beträgt 35 cm. Jede Abmessung zwischen 32 und 37 cm befindet sich innerhalb der zulässigen Toleranz.

Haare: Nicht bei jeder Bauart im Lieferumfang enthalten. Farbton kann variieren.

Fontanellen (vordere und hintere): Auch als „weiche Stellen" be-kannt. Fontanellen sind zwei Lücken im Schädel des Babys, wo die Kno-chen noch nicht zusammengewachsen sind. Üben Sie niemals Druck auf die Fontanellen aus. Sie sollten sich bis zum Ende des ersten Lebensjahres (oder kurz danach) vollständig geschlossen haben.

Augen: Die meisten europäisch-stämmigen Modelle werden mit blauen oder grauen Augen geliefert, afrikanische und asiatische Ausführungen nor-malerweise mit braunen Augen. Vorsicht, die Pigmentierung der Iris kann sich in den ersten Monaten mehrmals ändern. Die Augenfarbe des Babys wird sich im Alter von neun bis zwölf Monaten automatisch einstellen.

Hals: Bei der Lieferung des Babys scheint dieses Merkmal in der Regel nicht funktionsbereit. Das ist kein Defekt. Der Hals wird seine Funktion in den nächsten zwei bis vier Monaten übernehmen.

Der Körper

Haut: Die Haut Ihres Babys kann sehr empfindlich auf Chemikalienrückstände in neuer (ungewaschener) Kleidung reagieren. Ebenso empfindlich kann die Haut auf Chemikalien in normalen Waschmitteln reagieren. Ziehen Sie in Betracht, die gesamte Wäsche Ihres Haushalts auf hypoallergene Waschmittel ohne Duftstoffe und Chemikalien umzustellen.

Nabelschnurrest: Dieser Fortsatz wird schorfig und fällt nach mehreren Wochen ab. Um Infektionen zu vermeiden und einen gesunden Nabel zu bilden, muss er sauber und trocken gehalten werden.

Rektum: Das ist der Ausgabebereich des festen Outputs Ihres Babys. Ein an dieser Buchse angestecktes Thermometer misst die Körpertemperatur des Babys, die bei ungefähr 37° C liegen sollte.

Genitalien: Es ist normal, dass die Genitalien Ihres Babys etwas vergrößert erscheinen. Dies hat keine Auswirkungen auf die zukünftige Größe oder Form der Genitalien.

Flaum: Manche Modelle werden mit vorinstalliertem Lanugo geliefert, einem flaumigen Haarmantel auf den Schultern oder dem Rücken. Dieser Flaum verschwindet innerhalb einiger Wochen.

Gewicht: Das durchschnittliche Modell wiegt bei der Lieferung 3,4 kg. Die Mehrheit wiegt zwischen 2,5 und 4,5 kg.

Größe: Das durchschnittliche Modell ist bei der Lieferung 51 cm lang. Die Mehrheit misst zwischen 45 und 56 cm.

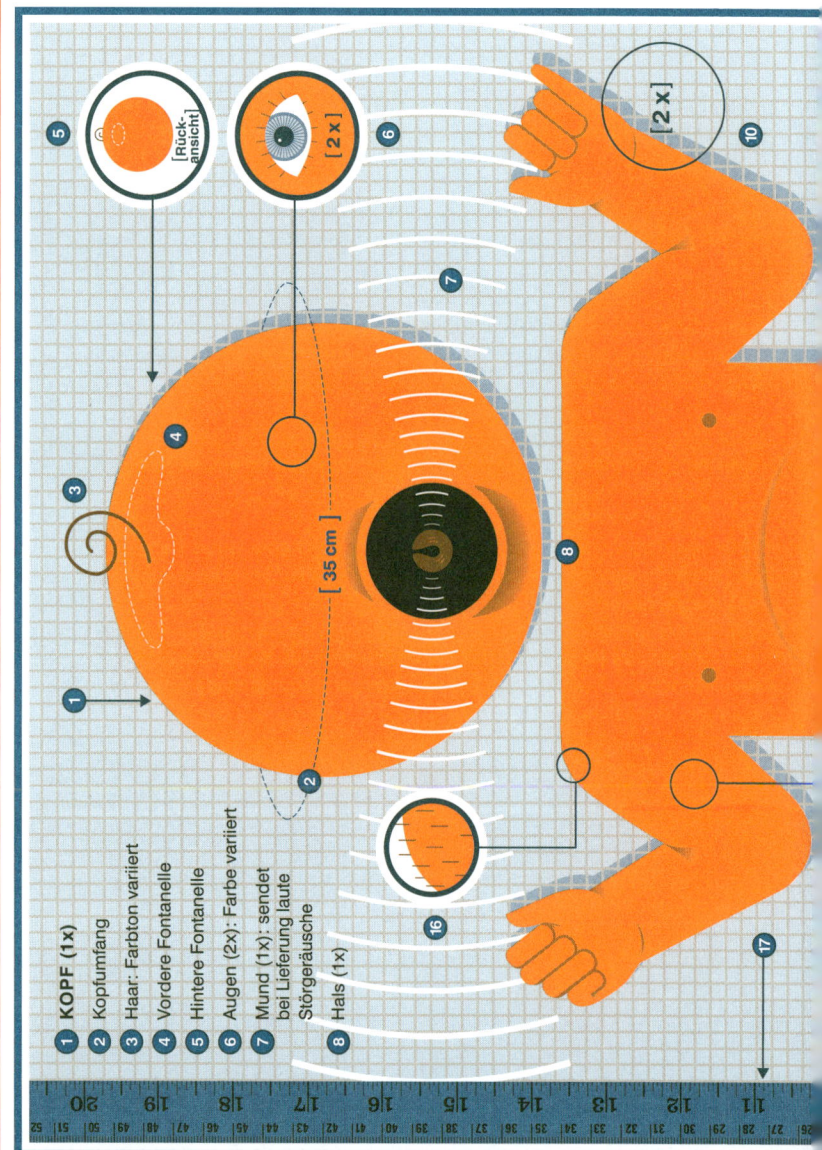

KOPF (1x)

1 Kopfumfang
2 Haar: Farbton variiert
3 Vordere Fontanelle
4 Hintere Fontanelle
5 Augen (2x): Farbe variiert
6 Mund (1x): sendet
   bei Lieferung laute
   Störgeräusche
8 Hals (1x)

[Rück-ansicht]

[2 x]

[35 cm]

[2 x]

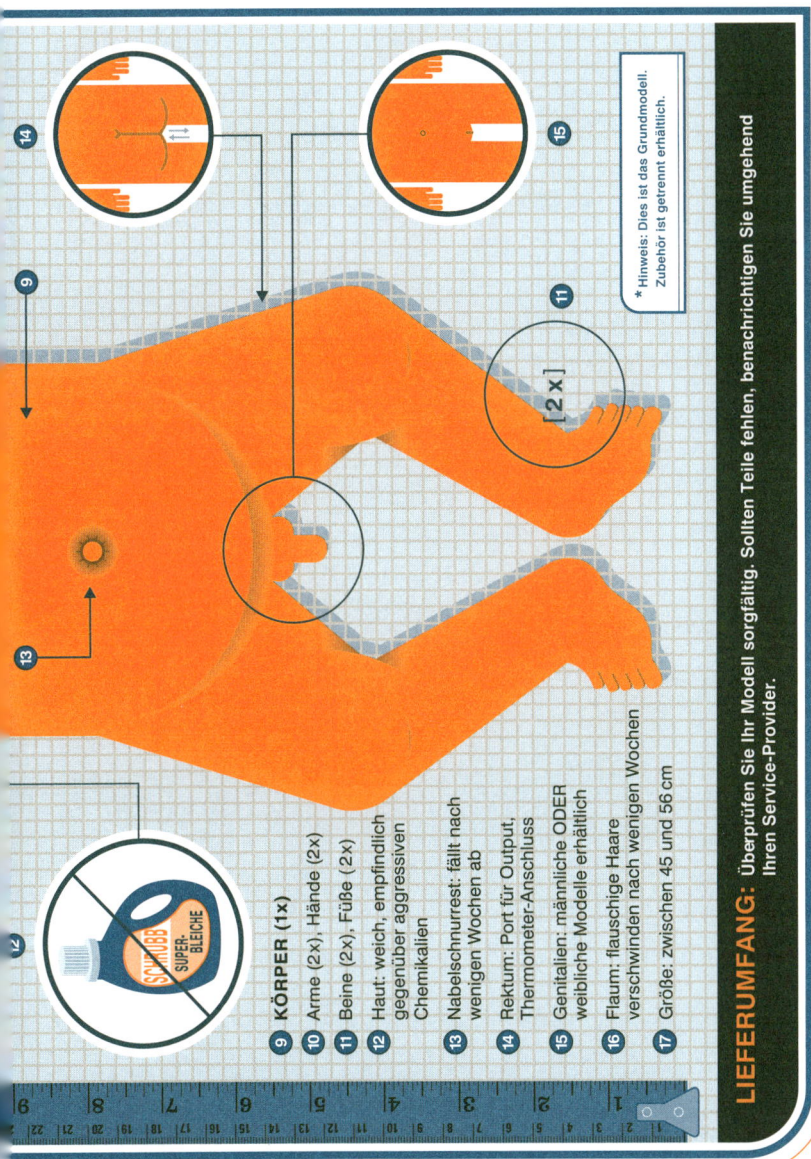

⑨ KÖRPER (1x)

⑩ Arme (2x), Hände (2x)

⑪ Beine (2x), Füße (2x)

⑫ Haut: weich, empfindlich gegenüber aggressiven Chemikalien

⑬ Nabelschnurrest: fällt nach wenigen Wochen ab

⑭ Rektum: Port für Output, Thermometer-Anschluss

⑮ Genitalien: männliche ODER weibliche Modelle erhältlich

⑯ Flaum: flauschige Haare verschwinden nach wenigen Wochen

⑰ Größe: zwischen 45 und 56 cm

[2 x]

* Hinweis: Dies ist das Grundmodell. Zubehör ist getrennt erhältlich.

LIEFERUMFANG: Überprüfen Sie Ihr Modell sorgfältig. Sollten Teile fehlen, benachrichtigen Sie umgehend Ihren Service-Provider.

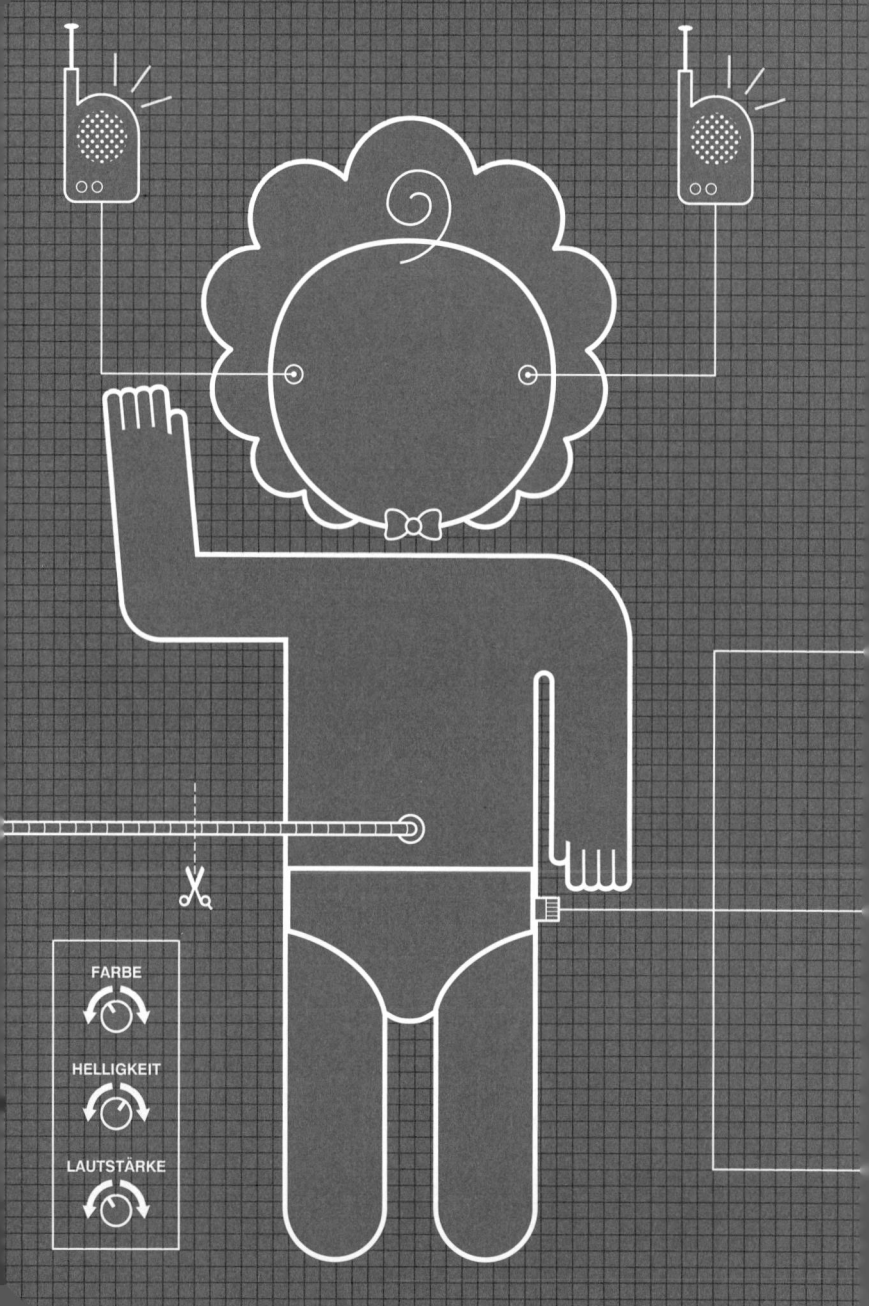

FARBE

HELLIGKEIT

LAUTSTÄRKE

Kapitel 1

Vorbereitung und Installation

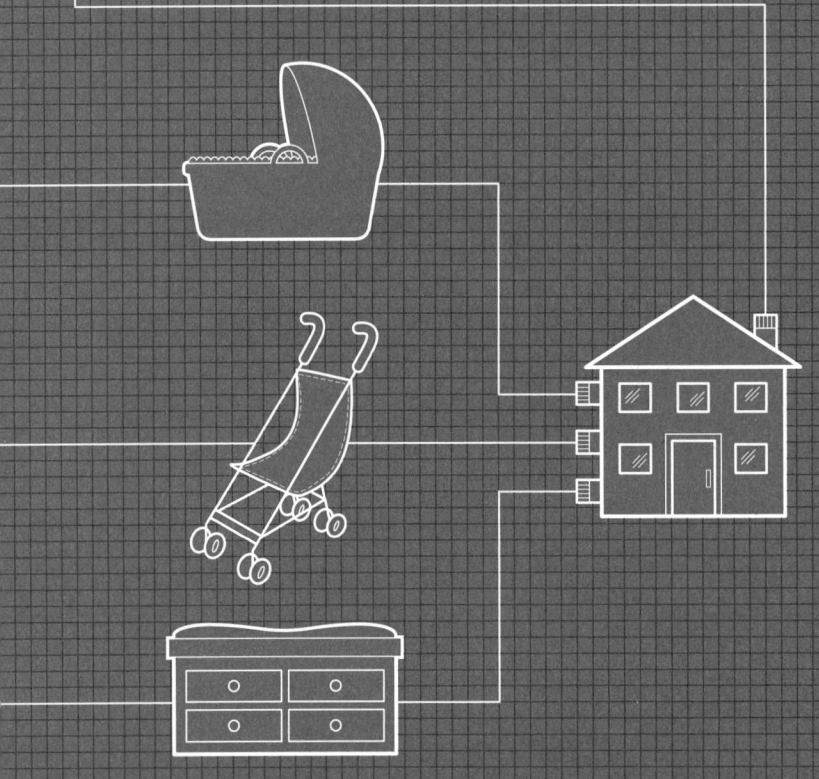

Installationsvorbereitungen

Ein neugeborenes Baby hat einen begrenzten Bewegungsradius, es besteht daher keine unmittelbare Notwendigkeit, die Umgebung sofort kindersicher zu machen. Dennoch wird empfohlen, folgende Vorbereitungen noch vor der Lieferung des Babys zu treffen.

[1] Schließen Sie alle Renovierungsarbeiten (in der Wohnung oder im Haus) frühzeitig vor der Lieferung ab. Die Anforderungen, die ein Neugeborenes an Sie stellt, können den Abschluss dieser Projekte um Jahre, wenn nicht gar Jahrzehnte, verzögern.

[2] Regeln und kontrollieren Sie die Zimmertemperatur. In den ersten Betriebsmonaten benötigt das Baby Hilfe bei der Regulierung seiner Körpertemperatur. Die optimale Zimmertemperatur für ein Neugeborenes liegt bei 20 bis 22° C.

[3] Machen Sie gründlich sauber. Räumen Sie alle Gegenstände auf, sobald Sie sie nicht mehr brauchen. Erledigen Sie den Abwasch nach jedem Essen. Die Wehen könnten überraschend einsetzen, und es ist von Vorteil, in jeder Weise vorbereitet zu sein.

[4] Überprüfen Sie Ihre Lebensmittelvorräte. Füllen Sie Ihre Speisekammer. Ist das Baby einmal da, wird es schwieriger, die Gänge eines Supermarkts abzuklappern.

[5] Kochen Sie auf Vorrat. Vorgekochte und eingefrorene Gerichte werden Sie über die Wochen nach der Ankunft des Babys hinwegretten.

⚠ **EXPERTENTIPP:** *Der Benzintank Ihres Autos sollte in den letzten Wochen vor der Lieferung immer mindestens halb voll sein.*

Konfigurieren des Kinderzimmers

Die meisten User entscheiden sich dafür, das Baby in einem eigenen, speziell ausgestatteten Raum unterzubringen. Dieser Raum wird üblicherweise *Kinderzimmer* genannt. Es wird nachdrücklich empfohlen, die Voreinstellungen im Kinderzimmer vor dem Eintreffen Ihres Modells vorzunehmen. Die Konfiguration ist entscheidend, weil Sie darauf angewiesen sein werden, alle Gegenstände und Hilfsmittel rasch zu finden.

Gitterbett

Das Gitterbett ist das wichtigste Objekt im Kinderzimmer. Sein Standort sollte sicher, bequem und leicht zugänglich sein – genau in dieser Reihenfolge.

Sicherheit: Halten Sie einen Sicherheitsabstand zwischen Gitterbett und Fenstern, Radiatoren, Klimaanlagen, Heizkörpern, herunterhängenden Dingen wie Vorhangschnüren und schweren Gegenständen wie Bildern oder Lampen. Das Gitterbett sollte auf einem weichen Teppich oder Läufer stehen.

Bequemlichkeit: Das Baby fühlt sich sicherer, wenn das Gitterbett in der Ecke eines Raumes steht. Setzen Sie das Kinderbett keiner direkten Sonneneinstrahlung aus.

Leichter Zugang: Das Gitterbett steht idealerweise in Sichtweite der Zimmertür, damit der User den Zustand des Babys mit einem Blick überwachen kann.

Wechselstation

Der Wickeltisch – auch in der Kombination Wickelaufsatz/Wickelkommode erhältlich – ist eine ebene Oberfläche, ungefähr hüfthoch, den Sie zur Entfernung und Re-Installation der Windeln benutzen. Analog zum Gitterbett steht ein optimaler Wickeltisch sicher, bequem und leicht zugänglich und sollte so eingerichtet sein, dass Sie alle Wickelutensilien in Reichweite haben.

⚠ *ACHTUNG: Das Baby darf sich niemals ohne Aufsicht auf dem Wickeltisch befinden. Dies kann zu ernsthaften Verletzungen führen.*

Sicherheit: Ein krabbelndes Baby kann beim Versuch aufzustehen nach der Umrandung des Wickeltischs greifen. Befestigen Sie den Wickeltisch mit Sicherheitshalterungen an der Wand, die ein Umkippen verhindern. Der Wickeltisch sollte nicht in der Nähe von Heizkörpern, Vorhangschnüren oder anderen gefährlichen Gegenständen aufgestellt werden.

Bequemlichkeit: Viele User polstern den Wickeltisch mit einer Wickelauflage aus Schaumstoff, die den Liegekomfort des Babys wesentlich erhöht. Diese Wickelauflagen haben in der Regel einen wischfesten Bezug aus Kunststoff, auf den zusätzlich Moltontücher gelegt werden können.

Leichter Zugang: Der optimale Platz für eine Wickelkommode ist in Reichweite der Pflegemittel, Ersatzwindeln, Ersatzkleidung, des Windeleimers und des Wäschekorbs.

Weiteres Kinderzimmerzubehör

Schaukelstuhl oder (bequemer) Sessel: Halten Sie auf einem kleinen Tisch neben dem Schaukelstuhl ein weiches Spucktuch, eine Lampe mit Dimmer, ein Buch, eine warme Decke und einen Radiowecker bereit, auf dem Sie ablesen können, wie lange das Baby an Ihrer Brust getrunken hat.

Spielzeugkiste: Ist der Platz begrenzt, können Sie sich für eine Spielzeugkiste entscheiden, die unter das Kinderbett geschoben werden kann.

Luftbefeuchter: Möchten Sie einen Luftbefeuchter im Kinderzimmer installieren, so sollten Sie einen Mindestabstand von etwa 1 – 1,5 Meter zum Bett einhalten. Eine zu hohe Luftfeuchtigkeit am Kinderbett fördert das Wachstum von Bakterien.

Thermostat: Da unterschiedliche Räume in einem Haus oder einer Wohnung oft unterschiedlich temperiert sind, wird im Kinderzimmer die Verwendung eines Thermostats empfohlen. Die ideale Temperatur für ein Babyzimmer beträgt 20° C.

Radiator: Sollten Sie im Kinderzimmer einen Heizlüfter benutzen, so halten Sie ihn vom Kinderbett und allen entflammbaren Materialien fern. Schalten Sie den Radiator aus, sobald Sie den Raum verlassen.

Baby-Überwachungsanlage: Dieses Gerät kann zur akustischen Überwachung des Babys, insbesondere während des Schlafens, an jeder beliebigen Stelle der Wohnung betrieben werden. Der Sender ist üblicherweise immer eingeschaltet. Er sollte in der Nähe einer Steckdose stehen – vermeiden Sie möglichst den Gebrauch von Verlängerungskabeln.

Nachtlicht: Platzieren Sie ein kleines Nachtlicht neben oder unter dem Kinderbett – außerhalb des Blickfeldes Ihres Babys.

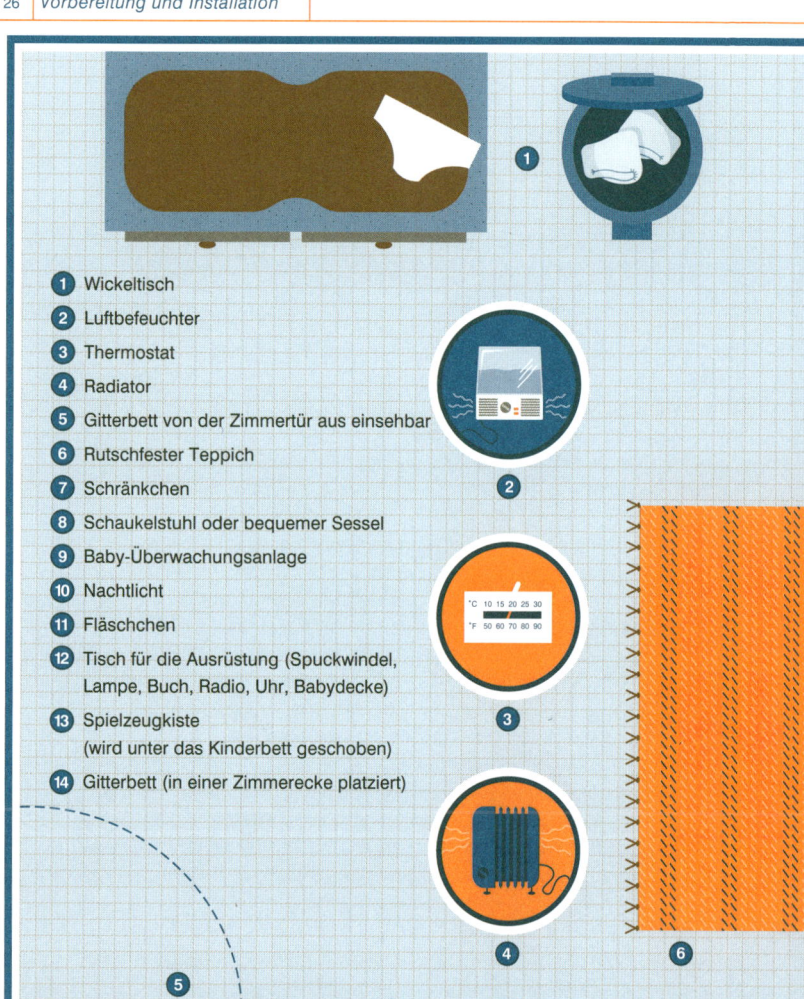

1. Wickeltisch
2. Luftbefeuchter
3. Thermostat
4. Radiator
5. Gitterbett von der Zimmertür aus einsehbar
6. Rutschfester Teppich
7. Schränkchen
8. Schaukelstuhl oder bequemer Sessel
9. Baby-Überwachungsanlage
10. Nachtlicht
11. Fläschchen
12. Tisch für die Ausrüstung (Spuckwindel, Lampe, Buch, Radio, Uhr, Babydecke)
13. Spielzeugkiste (wird unter das Kinderbett geschoben)
14. Gitterbett (in einer Zimmerecke platziert)

KONFIGURIEREN DES KINDERZIMMERS: Um Chaos und Frustratio

zu vermeiden, ist es wichtig, das Kinderzimmer vor der Lieferung des Modells einzurichten.

Basisausstattung

Alle Modelle benötigen zahlreiches und unterschiedliches Zubehör, von Schlafutensilien bis zu Reinigungs- und Pflegemitteln. Die folgende Checkliste enthält alle unabdingbaren Zusatzteile für den ersten Betriebsmonat des Babys. All diese Dinge sollten bereits vor der Lieferung Ihres Modells besorgt werden.

SCHLAFZUBEHÖR
- 2 Sets passender Bettwäsche für Gitterbett oder Stubenwagen
- 4–6 Moltontücher
- Bettumrandung (Gitter für das Bettchen)
- Schlafsack
- Spieluhr
- Bettmobile

WICKELZUBEHÖR
- Feuchttücher
- Vaseline
- Wundcreme
- Baby-Lotion
- Wattestäbchen
- 36–60 Stoffwindeln, sechs Windelhosen
- Windeleinlagen
- Stoff-Höschenwindeln
ODER
- 1–2 Packungen Einmalwindeln, Größe 0/1

STILL- UND FÜTTERZUBEHÖR

- 6–12 Spucktücher
- 2 Still-BHs
- 4 Stilleinlagen
- Lanolin-Salbe
- Brustwarzenschutz
- Milchpumpe mit Milchflaschen und Gefrierbeuteln

ODER

- Einwöchiger Vorrat an Anfangsmilchpulver (2–3 Pakete PRE-Milchpulver)
- 4–6 Fläschchen (125 ml) mit Sauger
- Flaschenbürste
- Fläschchenwärmer
- Sterilisiergerät

KLEIDUNG

- 5–7 Hemdchen/Bodys
- 3–5 Strampler
- 3–5 einteilige, nicht entflammbare Schlafanzüge
- 3–5 Paar Söckchen
- Kratzfäustel
- 2–3 Mützchen
- Warmes Jäckchen, Pullover und Schneeanzug (je nach Jahreszeit)

BADE- UND REINIGUNGSZUBEHÖR

- Baby-Badewanne oder -Badeeimer
- 2–3 Handtücher mit Kapuze
- 2–3 Waschlappen
- Babyseife
- Babyshampoo
- Baby-Nagelschere
- Nasensauger
- Badethermometer
- Babyhaarbürste

Basis-Transportzubehör

Babybesitzer benötigen spezielles Transportzubehör für ihr Baby. Die folgenden Richtlinien dienen zur Auswahl der für Sie geeigneten Ausrüstung.

Babytragen

Babytragen ermöglichen dem User, das Baby ohne große Anstrengung direkt am Körper zu tragen. Berücksichtigen Sie bei der Auswahl Ihre eigene Bequemlichkeit ebenso wie die des Babys. Ist der Tragekomfort zu gering, werden Sie die Trage aller Wahrscheinlichkeit nach nicht verwenden.

Brusttragesack (Abb. A): Diese Trage besteht aus Schultergurten für den Benutzer und einem Sitzsack für das Baby. Das Baby wird von der Brust des Benutzers gestützt. Das Baby sollte mit dem Gesicht zum Träger sitzen, bis es selbst eine ausreichende Nackenmuskulatur entwickelt hat und den Kopf ohne Unterstützung halten kann. Brusttragen sind für Babys bis etwa 6 Monaten bzw. 10 kg Körpergewicht geeignet.

Tragetuch (Abb. B): Diese Trage aus weicher Baumwolle wird über die Schulter(n) geschlungen und auf Bauch oder Rücken gebunden und kann für Säuglinge und ältere Babys verwendet werden. Tragetücher sind für Babys bis zu 9–12 Monaten und darüber hinaus geeignet.

Rückentrage (Abb. C): Diese Trage – normalerweise ein Metall- oder Plastikrahmen mit weichem Baumwoll- oder Nylonsitzeinhang – erlaubt es dem Benutzer, das Baby auf dem Rücken zu tragen. Das Baby muss dazu bereits eine gut ausgebildete Nacken- und Rückenmuskulatur haben. Für Modelle unter 6–9 Monaten ist sie nicht zu empfehlen. Wählen Sie eine Trage, die der jeweiligen Größe Ihres Kindes angepasst werden kann und sowohl einen Sonnenschutz als auch Taschen hat.

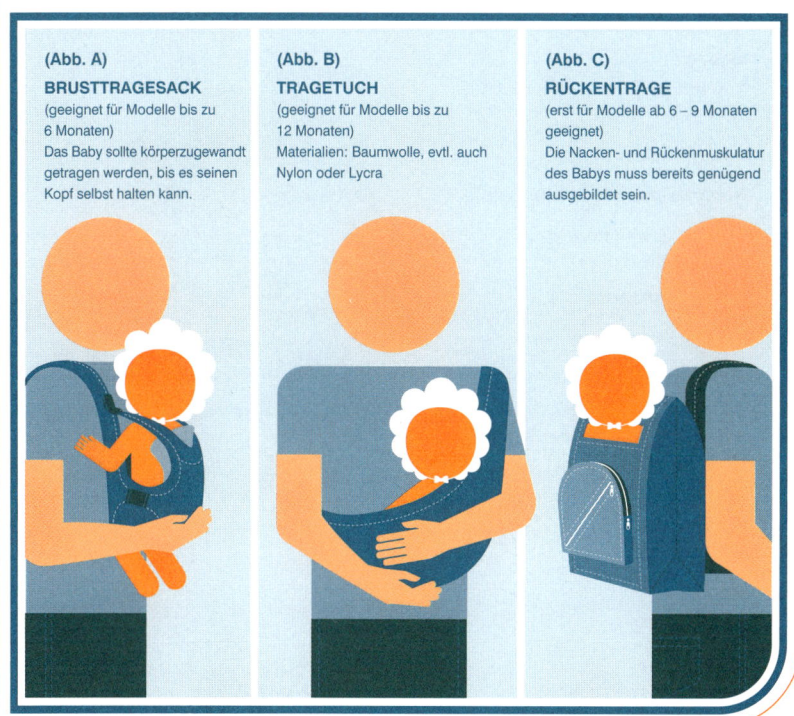

(Abb. A)

BRUSTTRAGESACK

(geeignet für Modelle bis zu
6 Monaten)

Das Baby sollte körperzugewandt
getragen werden, bis es seinen
Kopf selbst halten kann.

(Abb. B)

TRAGETUCH

(geeignet für Modelle bis zu
12 Monaten)

Materialien: Baumwolle, evtl. auch
Nylon oder Lycra

(Abb. C)

RÜCKENTRAGE

(erst für Modelle ab 6 – 9 Monaten
geeignet)

Die Nacken- und Rückenmuskulatur
des Babys muss bereits genügend
ausgebildet sein.

Kinderwagen

Im Handel werden zahlreiche unterschiedliche Typen von Kinderwagen
angeboten. Bei Ihrer Entscheidung sollten Sie Strapazierfähigkeit, Möglichkeiten der Sitzverstellung, Größe, Gewicht und Preis berücksichtigen.
Alle Erstnutzer sollten den Kinderwagen vor dem Kauf „Probe fahren" und
testen, ob er in den Kofferraum des Autos passt. Prüfen Sie bei der Auswahl den Kinderwagen auf folgende Kriterien: Fünf-Punkt-Sicherheitsgurt,
integrierte Baby-Tragetasche, Einkaufskorb, Flaschenhalter, Sonnenver-
deck, Sitzpolster, Sicherheits-Spielbügel, Fußsack, Regenschutz, lenk-
und feststellbare Vorderräder, mehrfache Sitz- und Liegepositionen, gute
Federung und Vollkunststoff- oder luftgefüllte Reifen.

Modell:

(STANDARD-)KINDERWAGEN

Räder: 4 oder 8

Nutzungsdauer: Bis 18–20 kg

Gewicht des Kinderwagens:
Durchschnittlich bis schwer

Zusammenklappbar: Ja

Flexible Verwendung: Keine

Sitzverstellung: 2–4 Sitz- oder
Liegepositionen

Gelände: Gehsteige, ebene Straßen,
die meisten Innenböden

Modell:

JOGGER

Räder: 3 oder 4 (Doppelrad vorne)

Nutzungsdauer: Bis 16–20 kg

Gewicht des Kinderwagens:
Durchschnittlich bis schwer

Zusammenklappbar: Ja

Flexible Verwendung: Keine

Sitzverstellung: 1–2 Sitz- oder
Liegepositionen

Gelände: Gehsteige, Straßen,
Innenböden, Feldwege

KINDERWAGEN: Alle Erstnutzer sollten vor dem Kauf „Probe fahren". Fragen Si

Modell:
(LEICHT-)BUGGY

Räder: 4 oder 8

Nutzungsdauer: Bis 13–20 kg

Gewicht des Kinderwagens:
Leicht

Zusammenklappbar: Ja

Flexible Verwendung: Keine

Sitzverstellung: 1–3 Sitz- oder
Liegepositionen

Gelände: Innenböden und
ebene Gehsteige

Modell:
FAHRGESTELL

Räder: 4

Nutzungsdauer: Bis 9–11 kg

Gewicht des Kinderwagens:
Leicht

Zusammenklappbar: Ja

Flexible Verwendung: Wird
zusammen mit Auto-Babyschalen
verwendet und kann später zum
Buggy umgebaut werden.

Sitzverstellung: Keine

Gelände: Innenböden und
ebene Gehsteige

nach Extra-Zubehör (Flaschenhalter, Sonnenschutz, Einkaufstaschen etc.).

Autositze

Für den Transport des Babys in einem Auto benötigen Sie einen Autositz, der der Größe des Babys angepasst ist. Die meisten Neugeborenen sind mit zwei verschiedenen Typen von Autositzen kompatibel: mit der Babyschale und dem konvertierbaren Langzeit-Sitz. Beide haben ihre Vorteile. Unabhängig von der Wahl, die Sie getroffen haben, sollten Sie die Gebrauchsanleitung sorgfältig lesen und sich vergewissern, dass Sie den Sitz korrekt montiert haben.

Beachten Sie folgende Merkmale: Fünf-Punkt-Sicherheitsgurt-System, Sitzverkleinerer für Neugeborene, verstellbare Sitzgurte, klappbares Sonnendach, bequeme Auspolsterung und (nur bei Langzeit-Sitzen) eine ISOFIX-Befestigung. Sollten Fragen auftreten, wenden Sie sich bitte an den Hersteller.

Babyschale (Abb. A): Der Hauptvorteil der Babyschale ist, dass sie mit dem darin liegenden Baby aus dem Auto genommen werden kann. Sie ist so geformt, dass sie sich im Falle eines Unfalls wie eine Muschel schließt. Leider wiegt eine beladene Babyschale fast 13 kg und erfordert bei jedem Anschnallen eine Sicherheitsüberprüfung. Der Sitz muss ersetzt werden, wenn das Baby schwerer als 13 kg und älter als 15 Monate ist.

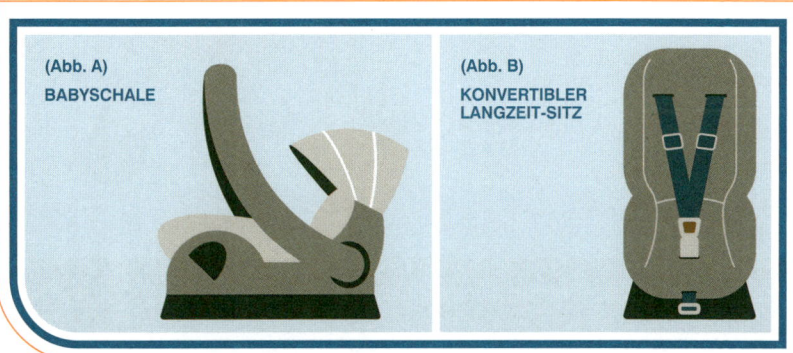

(Abb. A)
BABYSCHALE

(Abb. B)
KONVERTIBLER LANGZEIT-SITZ

Langzeit-Sitz (Abb. B): Da er größer als die Babyschale ist, kann der (Säuglings-Kleinkind-)Langzeit-Sitz benutzt werden, bis das Kind ungefähr vier oder fünf Jahre alt ist. Dieser Sitz wird nicht am Zielort abmontiert, daher benötigen Sie dort ein zusätzliches Transportmittel.

⚠️ *EXPERTENTIPP: Generell ist es nicht ratsam, einen gebrauchten Autositz zu verwenden. Die Sicherheitsbestimmungen verändern sich regelmäßig, und alte Modelle entsprechen u. U. nicht den aktuellen Anforderungen. Sollte der gebrauchte Autositz in einen Autounfall verwickelt gewesen sein, könnte er nicht mehr voll funktionsfähig sein. Er muss daher in jedem Fall ausgetauscht werden.*

Installation des Autositzes

Laut Gesetz müssen alle Babymodelle während einer Autofahrt sicher angeschnallt sein. Bis zum 15. Betriebsmonat und bis zu einem Gewicht von 13 kg müssen sie entgegen der Fahrtrichtung sitzen. Entscheidet man sich für eine Installation auf dem Rücksitz, so erfolgt diese auf dem linken oder rechten Rücksitz, nicht aber in der Mitte.

[1] Befolgen Sie immer die Anleitungen der Autositz-Hersteller. Kontaktieren Sie die Service-Hotline, wenn Sie Schwierigkeiten mit der Installation haben.

[2] Halten Sie alle Sicherheitsstandards ein. Der Sitz darf nicht vor einem Airbag oder gegenüber einer heruntergeklappten Armlehne des Rücksitzes montiert sein. Kippen Sie die Lehnen der Vordersitze niemals zurück, wenn eine Babyschale auf dem Rücksitz angeschnallt ist; bei einem Unfall wird sonst verhindert, dass sich die Schale schließt.

[3] Um den Sitz wirklich sicher zu befestigen, schnallen Sie ihn am besten zu zweit fest. Einer kann mit dem Knie das Sitzpolster herunterdrücken, während der andere den Sicherheitsgurt strafft.

[**4**] Prüfen Sie die Sicherheit. Der Autositz sollte sich nicht mehr als ca. 2,5 cm vorwärts, rückwärts oder seitwärts bewegen lassen. Die Gurte sollten in den richtigen Führungen liegen. Befestigen Sie wenn notwendig einen zusätzlichen Verschlussclip. Der Sitz sollte sich im richtigen Winkel (ca. 45 Grad) anlehnen.

[**5**] Prüfen Sie die Sitzgurte. Sie sollten flach (nicht verdreht) und angenehm sicher anliegen und fest in den Verschlüssen eingerastet sein.

[**6**] Stützen Sie den Kopf des Babys. Nutzen Sie den Sitzverkleinerer oder wickeln Sie ein Handtuch oben und seitlich um den Babykopf. Stellen Sie sicher, dass diese Kopfstütze die Sitzgurte nicht beeinträchtigt.

[**7**] Überprüfen Sie regelmäßig die Stabilität und Sicherheit des Autositzes.

EXPERTENTIPP: *Der ADAC sowie viele Feuerwachen und Babyfachgeschäfte überprüfen kostenlos die korrekte Installation des Autositzes.*

Kennenlernen des Baby-Service-Providers

Alle Modelle benötigen den Beistand eines Service-Providers – auch bekannt als Kinderarzt. Verabreden Sie einen persönlichen Termin zum Kennenlernen. Stellen Sie dem Service-Provider folgende Fragen:

■ *Welche Erziehungsgrundsätze vertreten Sie?* Einige Service-Provider verfechten möglicherweise spezielle Richtungen, während andere offen für verschiedene Ansichten sind. Stellen Sie fest, welche Standpunkte Ihr Service-Provider vertritt und ob diese mit Ihren übereinstimmen oder davon abweichen.

■ **Werden Sie das Baby bei jedem Praxisbesuch persönlich untersuchen?** Krankenhäuser, Kliniken und manche Gemeinschaftspraxen beschäftigen mehrere Service-Provider. Idealerweise steht Ihnen bei jedem Besuch jeweils derselbe Service-Provider zur Verfügung.

■ **Wer wird das Baby behandeln, wenn Sie nicht verfügbar sind?** Es ist normal, dass ein Service-Provider von Zeit zu Zeit mit Vertretungen zusammenarbeitet. Es ist ebenso normal, nach deren Qualifikationen zu fragen.

■ **Vergeben Sie an gesunde und kranke Kinder zu unterschiedlichen Zeiten Termine? Haben Sie getrennte Warteräume für gesunde und kranke Kinder?** Das wird die Ansteckungsgefahr für das Baby reduzieren.

■ **Wann sind Ihre Sprechzeiten?** Dies ist besonders wichtig, wenn beide Eltern ganztags arbeiten. Einige Service-Provider haben flexible Sprechzeiten.

■ **Haben Sie zu speziellen Zeiten eine Telefonsprechstunde oder nehmen Sie Telefonanrufe den ganzen Tag über an?** Die meisten Service-Provider machen das eine oder das andere. Sie vermeiden langfristig Verwirrung und Frustration, wenn Sie hierüber von Anfang an im Bilde sind.

■ Führen Sie eventuell Gespräche mit mehreren Kinderärzten und holen Sie sich Empfehlungen bei Freunden, Familie und Kollegen. Entscheiden Sie sich für den Service-Provider, bei dem Sie sich nach dem Gespräch am besten aufgehoben fühlen.

Kapitel 2

Allgemeine Wartungshinweise

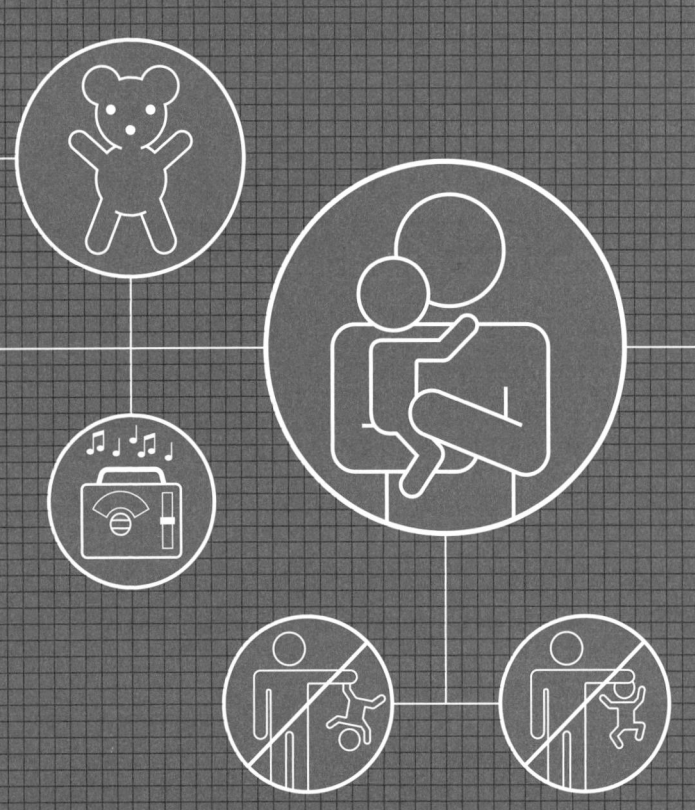

Verbindungsaufbau mit dem neuen Baby

Es wird empfohlen, gleich nach der Lieferung eine emotionale Bindung zwischen User und Baby herzustellen. Oft wird diese Verbindung sofort geknüpft. In anderen Fällen benötigen User und Baby etwas mehr Zeit. Alle Baby-Modelle sind unterschiedlich, daher gibt es auch keinen richtigen oder falschen Weg zu dieser Bindung. Fühlen Sie jedoch nach drei bis vier Wochen noch keine innere Beziehung zu Ihrem Baby, wird empfohlen, den Sachverhalt mit dem Service-Provider zu besprechen.

[1] Fühlen, sehen und riechen Sie Ihr Baby bei der ersten Gelegenheit. Bitten Sie Schwester, Hebamme oder Arzt, Ihnen das Baby sofort nach der Geburt auf die Brust zu legen – wenn es die Gesundheit des Babys erlaubt.

[2] Mütter, die stillen wollen, sollten ihr Baby so schnell wie möglich saugen lassen. Das Stillen setzt Hormone frei, die das Kontrahieren der Gebärmutter fördern und so die postnatale Blutung abschwächen. Der physische Akt des Stillens kann zudem die Bindung zwischen Mutter und Kind schneller wachsen lassen. Die Muttermilch hat unendlich viele gesundheitliche Vorteile für Ihr Baby.

[3] Behalten Sie das Baby bei sich. Sorgen Sie dafür, dass es in Ihrem Zimmer bleiben kann, wenn es seine Gesundheit zulässt. Sprechen oder singen Sie mit ihm. Möglicherweise erkennt es den Klang Ihrer Stimme.

⚠ *ACHTUNG: Nehmen Sie sich Zeit. Manche Mütter benötigen für diese Schritte länger als andere. Müssen Sie sich zunächst von den Geburtserlebnissen erholen, bevor Sie einen dauerhaften Kontakt mit dem Baby aufbauen, dann erholen Sie sich. Es ist wichtig für Mutter und Kind, zusammen zu sein – aber es ist noch wichtiger für die Mutter, dazu auch bereit zu sein. Familienmitglieder können sich um das Baby kümmern, während sich die Mutter erholt.*

Umgang mit dem neuen Baby

Waschen Sie sich vor dem Umgang mit dem Baby immer die Hände. Bakterien, die sich auf der Haut befinden, könnten beim Baby Funktionsstörungen auslösen. Reinigen Sie Ihre Hände mit einem Babyfeuchttuch, wenn Sie gerade keine Waschgelegenheit zur Verfügung haben.

Aufnehmen des Babys

[**1**] Legen Sie eine Hand unter den Nacken und den Kopf des Babys und stützen Sie beide (Abb. A). Der Nacken des Babys ist in den ersten Wochen praktisch nicht funktionsfähig. Halten Sie das Baby vorsichtig, bis sich seine Muskulatur gestärkt hat, um ein unerwünschtes „Abknicken" des Kopfes zu vermeiden.

[**2**] Schieben Sie die andere Hand unter Po und Wirbelsäule (Abb. B).

[**3**] Halten Sie das Baby nahe am Körper (Abb. C).

⚠ *ACHTUNG: Halten Sie den Kopf des Babys beim Ablegen immer mit Ihren Händen. Überzeugen Sie sich, dass Kopf und Nacken von der Fläche, auf die Sie Ihr Kind legen, gestützt werden.*

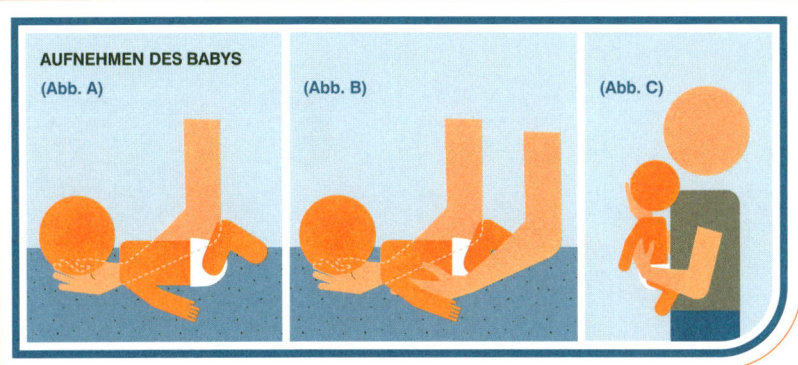

AUFNEHMEN DES BABYS
(Abb. A)   (Abb. B)   (Abb. C)

Wiegehalt

Wiegen Sie das Baby so, dass sich sein Kopf auf der linken Seite Ihres Körpers befindet. Sie setzen seine Ohren damit einem hörbaren rhythmischen Pochen aus, das von Ihrem Herzen ausgeht. Beim Empfang dieses Signals wechselt das Baby voraussichtlich in den Schlafmodus. Dies ist völlig normal – und für viele Anwender erstrebenswert. (Je nachdem, ob der User Links- oder Rechtshänder ist, kann der Haltegriff auch auf der anderen Seite ausgeführt werden.)

[1] Schieben Sie Ihre rechte Hand unter Kopf und Nacken des Babys. Ihre linke Hand sollte Po und Wirbelsäule des Babys unterstützen (Abb. A).

[2] Legen Sie Kopf und Nacken in die Beuge Ihres linken Arms. Ihr rechter Arm ist nun frei für andere Tätigkeiten, während der linke Arm das Baby trägt (Abb. B).

[3] Verschränken Sie Ihren rechten Arm unter dem linken, so wird der Halt noch sicherer.

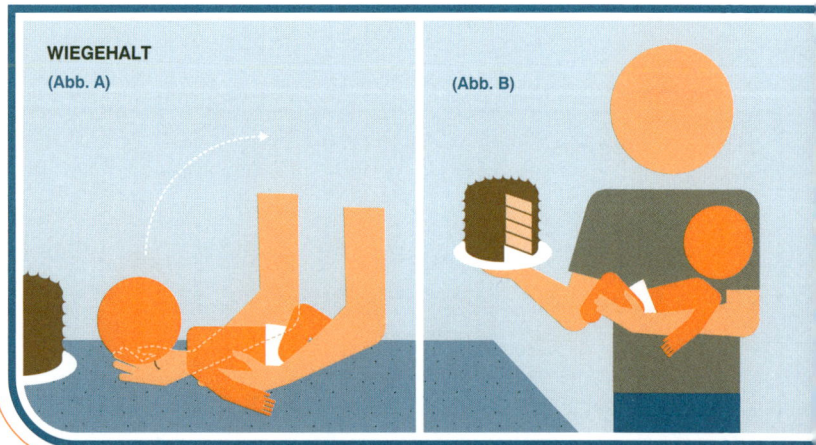

WIEGEHALT
(Abb. A)

(Abb. B)

Schulterhalt

Der Wiegehalt ist ideal für Besitzer von Neugeborenen. Ältere Babys wollen allerdings manchmal nicht mehr so gehalten werden, dann bietet sich der Schulterhalt an.

[1] Nehmen Sie das Baby so auf, dass sein Kopf an der Vorderseite Ihrer Schulter ruht. Der Kopf sollte nicht über Ihre Schulter hängen (Abb. A).

[2] Stützen Sie mit Ihrer Armbeuge den Po des Babys. Seine Füße hängen unter dem Arm.

[3] Legen Sie Ihre freie Hand auf den Rücken des Babys (Abb. B). Auf diese Weise ist der Halt noch sicherer.

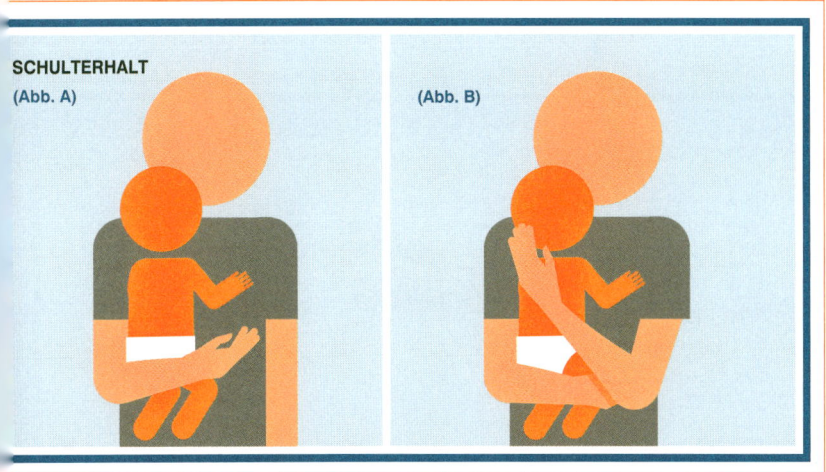

SCHULTERHALT
(Abb. A) (Abb. B)

Weiterreichen des Babys

In den ersten beiden Betriebsmonaten ist das Baby extrem krankheitsanfällig. Es ist daher anzuraten, die Zahl der Besucher in dieser Zeit einzuschränken. Gehen Sie sicher, dass die andere Person ihre Hände gewaschen hat, bevor Sie das Baby an diese weiterreichen.

Beachten Sie dabei folgende Hinweise zur Sicherheit des Babys:

[**1**] Stützen Sie mit einer Hand Kopf und Nacken, mit der anderen Po und Wirbelsäule des Babys.

[**2**] Die andere Person kreuzt ihre Arme.

[**3**] Legen Sie Kopf und Nacken des Babys in eine der Armbeugen. Bitten Sie die andere Person, den Kopf des Babys zu stützen (Abb. A).

[**4**] Legen Sie den Körper des Babys in die verschränkten Arme (Abb. B).

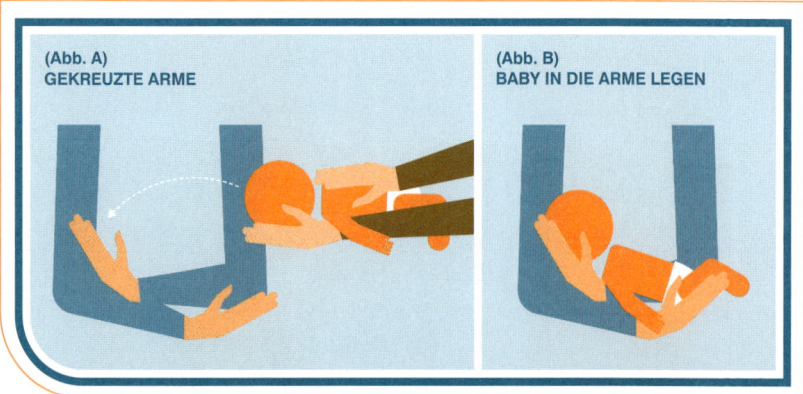

(Abb. A)
GEKREUZTE ARME

(Abb. B)
BABY IN DIE ARME LEGEN

Sicherer Halt des Krabbelkindes

Krabbelnde Babys, in der Regel älter als sechs Monate, sind erheblich schwerer als zum Zeitpunkt ihrer Lieferung. Die Muskeln an Kopf, Nacken und Rücken sind nun stark genug für neue Haltepositionen.

Hüftsitz

[1] Legen Sie Ihren Arm um das Baby herum, über den Rücken und unter beide Achseln (Abb. A).

[2] Legen Sie Ihre freie Hand auf den Po des Babys (Abb. B).

[3] Heben Sie das Baby auf derselben Seite, auf der Ihr Arm den Rücken stützt (Abb. C), auf Hüfthöhe hoch.

[4] Setzen Sie das Baby auf Ihre Hüfte. Viele User müssen dabei ihren Körper so drehen, dass sich ihre Hüfte nach außen schiebt und eine zusätzliche Sitzfläche für das Baby schafft. Das Baby sollte dabei ein Bein vor Ihrem Körper, das andere dahinter spreizen (Abb. D).

[5] Legen Sie Ihren Arm quer über die Schulterblätter des Babys. Greift das Baby nach Ihnen, können Sie Ihren Arm über seinen unteren Rücken sinken lassen.

HÜFTSITZ

(Abb. A)
DIE FÜHRENDE HAND LIEGT AUF DEM RÜCKEN

(Abb. B)
DIE ANDERE HAND UNTERSTÜTZT DEN PO

(Abb. C)
HEBEN SIE DAS MODELL AUF HÜFTHÖHE

(Abb. D)
SETZEN SIE DAS MODELL AUF DIE HÜFTE

Kartoffelsack- oder Liegesitz

Dieser Sitz eignet sich sowohl für den Transfer auf kurzen Strecken als auch im Falle von Blähungen. Da Sie das Baby dabei waagrecht halten, werden die meisten Babys ihn jedoch nicht für längere Zeit akzeptieren.

[**1**] Greifen Sie von hinten nach dem Baby.

[**2**] Schieben Sie Ihren führenden Arm zwischen den Beinen nach vorne. Winkeln Sie Ihren Arm, falls notwendig, dabei ab. Legen Sie Ihre Hand auf die Brust des Babys (Abb. A).

[**3**] Zur Stabilisierung des Babys auf Ihrem Arm legen Sie Ihre andere Hand auf seinen Rücken (Abb. B).

[**4**] Heben Sie das Baby an und ziehen Sie es an Ihren Körper. Die andere Hand stützt weiterhin das Baby (Abb. C).

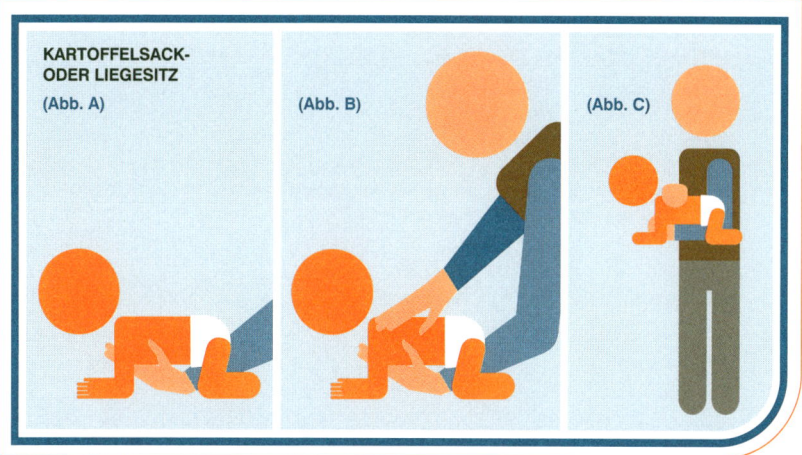

KARTOFFELSACK- ODER LIEGESITZ

(Abb. A)

(Abb. B)

(Abb. C)

Weinen: Fehlersuche bei akustischen Signalen des Babys

Das akustische Outputsystem des Babys besteht aus zwei Lungenflügeln, den Stimmbändern und dem Mund. Das Baby wird diese Komponenten zur Kommunikation benutzen. Die meisten Modelle werden ohne vorinstallierte Sprachfähigkeit geliefert, so dass die ersten Kommunikationsversuche Ihres Modells sinnlos klingen. Diese Fehleinschätzung kann man bei Erstanwendern häufig antreffen. Die akustischen Signale, auch Weinen genannt, enthalten oft viele Informationen für den User.

Ein Baby schreit, wenn seine Windeln voll sind, wenn es Hunger oder Blähungen hat, wenn ihm zu warm oder zu kalt ist, wenn es müde ist, Liebe und Trost braucht oder krank ist. Einige Modelle schreien, weil sie ihre eigene Stimme hören wollen. Tonlage und Taktfrequenz verweisen auf die Bedeutung des Weinens. Unterschiedliche Ursachen rufen unterschiedliche Arten des Weinens hervor. Ist der Grund des Schreiens ermittelt, sollte sich der Anwender eine mentale Notiz machen, damit er diesen Typ des Weinens in Zukunft sofort versteht.

Nasse oder volle Windel: Das olfaktorische System des Anwenders sollte melden, wenn die Windel des Babys voll ist. Alternativ kann die Windel auch mechanisch mit dem Finger auf Nässe geprüft werden. Re-Installieren Sie die Windel, falls erforderlich, und warten Sie, ob das Weinen dann aufhört.

Hunger: Babys können zwischen sieben- und zehnmal am Tag hungrig sein. Bieten Sie dem Baby Nahrung an. Es könnte einen Moment dauern, bis das Baby ruhig wird und zu trinken beginnt. Hört das Weinen auf, war Hunger anscheinend die Ursache.

Kälte oder Überhitzung: Die meisten Modelle weinen eher bei Kälte als bei Überhitzung. Es gibt kein Alarmsystem, das den User warnt, wenn die Körpertemperatur des Babys ansteigt. Überprüfen Sie den Status der Baby-kleidung und nehmen Sie die erforderlichen Anpassungen vor. Beobachten Sie Ihr Kind aufmerksam in Bezug auf andere Signale, wie errötete oder schweißnasse Haut, um festzustellen, ob ihm eventuell zu heiß ist. Ziehen Sie das Baby nicht zu dick an.

Müdigkeit: Reibt sich das Baby die Augen, gähnt es oder wirkt es beim Weinen müde, könnte das Umschalten auf den Schlafmodus erforderlich sein.

Blähungen: Windet sich das Baby oder zieht es die Beine an seinen Bauch, ist aller Wahrscheinlichkeit nach überschüssige Luft im Verdauungssystem. Legen Sie das Baby zum Aufstoßen an Ihre Schulter oder halten Sie es so, dass die Luft entweicht.

Zuneigung und Trost: Fühlt sich das Baby zu lange allein gelassen oder ist es durch zu starke Stimulation überfordert, will es höchstwahrscheinlich auf den Arm genommen und von einem nahestehenden User getröstet werden. Versuchen Sie, einen Beruhigungsstecker im oralen Port zu instal-lieren.

Krankheit: Ist das Baby krank, kann das Weinen durch die Erkrankung ausgelöst werden. Überprüfen Sie zunächst, ob eine der oben genannten Fehlerquellen die Ursache ist. Dauert das Weinen mit derselben Intensität länger an, setzen Sie sich mit Ihrem Service-Provider in Verbindung.

⚠ *ACHTUNG: Manchmal ist die Fehlerquelle für das Schreien des Babys schwer zu bestimmen. Bleiben Sie ruhig und tun Sie Ihr Bestes, das Weinen zu verstehen.*

Beruhigen des Babys

Es gibt unterschiedliche Methoden, um das Baby zu beruhigen.

[1] Wickeln Sie das Baby ein. Folgen Sie dabei den folgenden Anleitungen. Die Wärme und Sicherheit des Einwickelns wird das Baby voraussichtlich beruhigen.

[2] Schaukeln Sie das Baby. Legen Sie es hierzu in ein Tragetuch und setzen Sie sich mit ihm in einen Schaukelstuhl. Oder schaukeln Sie, das Baby auf Ihrem Arm, einfach Ihren Körper vor und zurück. Der gleichmäßige und ruhige Rhythmus dürfte das Baby beruhigen.

[3] Lassen Sie Ihr Baby behutsam auf Ihren Knien reiten. Schaukeln Sie es dabei leicht von einer Seite zur anderen und halten Sie es dabei am Oberkörper fest.

⚠ *ACHTUNG: Schütteln Sie ein Baby niemals. Die Bewegung sollte sanft und behutsam sein.*

[4] Singen Sie dem Baby vor. Seine auditiven Sensoren sind für Musik sehr empfänglich.

[5] Verändern Sie die Umgebung des Babys. Eine Licht- oder Temperaturveränderung könnte das Weinen beenden. Erwägen Sie einen Spaziergang im Kinderwagen oder in der Babytrage.

[6] Installieren Sie einen Beruhigungssauger.

Einwickeln des Babys

Das Einwickeln des Babys vermittelt im Allgemeinen ein Gefühl der Behaglichkeit. Ihr Modell kann durch das Gefühl von Wärme und Sicherheit beruhigt werden oder – durch die plötzliche Einschränkung der Bewegungsfreiheit – frustriert. Probieren Sie die auf der nächsten Seite aufgeführten Techniken und beurteilen Sie die Reaktion Ihres Modells.

⚠ *ACHTUNG: Da das Wickeln den Bewegungsspielraum einengt und damit die motorische Entwicklung des Babys verzögern könnte, wird das Einwickeln des gesamten Körpers nur in den ersten 60 Tagen nach der Lieferung empfohlen. Danach ist die Variante sinnvoller, bei der die Arme frei bleiben, wie beispielsweise bei einer abgewandelten Form des Puckens.*

Schnellmethode

Die Schnellmethode ist eine wirksame Technik für User mit wenig Zeit. Nehmen Sie ein Tuch, das groß genug ist, den ganzen Körper des Babys einzuwickeln.

[1] Legen Sie ein quadratisches Tuch auf eine flache Oberfläche.

[2] Falten Sie eine Ecke des Tuchs etwa handbreit nach unten.

[3] Legen Sie das Baby diagonal so auf das Tuch, dass der Knick am oberen Ende des Nackens abschließt (Abb. A).

[4] Klappen Sie die rechte Seite des Tuchs über den Körper des Babys. Stecken Sie es unter der linken Seite des Babys fest (Abb. B).

[5] Legen Sie die linke Seite des Tuches über den Körper des Babys. Stecken Sie es unter der rechten Seite fest (Abb. C).

[6] Heben Sie das Baby an und stecken Sie das untere Dreieck des Tuches unter die Beine und den Rücken des Babys (Abb. D).

SCHNELLMETHODE

Abb. A

Abb. B

Abb. C

Abb. D

EINWICKELN DES BABYS: Probieren Sie eine dieser Wickelmethode
wenn Schaukeln, Auf-den-Knien-Reiten,

PUCKEN

Abb. A

Abb. B

Abb. C

Singen, Verändern der Umgebung oder Installieren eines Schnullers nicht funktionieren.

Pucken

Das Pucken ist eine sicherere (und länger haltende) Version der Schnellmethode.

[1] Legen Sie ein quadratisches Tuch auf eine flache Oberfläche.

[2] Falten Sie eine Ecke des Tuchs etwa handbreit nach unten.

[3] Legen Sie das Baby diagonal auf das Tuch, so dass der Knick am oberen Ende des Nackens abschließt (Abb. A).

[4] Stecken Sie die Hände des Babys in den Knick des Tuchs. Die Hände sollten neben der Schulter oder dem Gesicht des Babys ruhen. (Haben Sie ein besonders lebhaftes Baby, können Sie das Tuch unter den Achseln feststecken, damit seine Hände beweglich bleiben.)

[5] Schlagen Sie die rechte Seite des Tuchs über den Körper des Babys. Stecken Sie es unter der linken Seite fest (Abb. B).

[6] Falten Sie das untere Dreieck des Tuchs nach oben (zum Kopf des Babys), decken Sie Füße und Beine zu und klappen Sie den Einschlag auf die rechte Seite. Stecken Sie das Dreieck unter der rechten Kante fest (Abb. C).

[7] Schlagen Sie die linke Seite des Tuchs über den Körper des Babys. Stecken Sie es unter der rechten Seite fest (Abb. C).

Auswahl und Installation eines Beruhigungssaugers

Viele User bringen zum Trösten ihres Babys einen Beruhigungssauger zum Einsatz. Den meisten Modellen bereitet das Schnullern viel Vergnügen. Die kleinen Finger, Fingerknöchel und Daumen sind natürliche Beruhigungssauger. Künstliche Beruhigungssauger werden aus Latex oder Silikon hergestellt, haben die Form eines Flaschensaugers und sind weltweit im Handel erhältlich. Sowohl natürliche als auch künstliche Varianten sind für alle Modelle geeignet. Keine führt zu langfristigen medizinischen oder psychologischen Störungen.

⚠ EXPERTENTIPP: Beobachten Sie, ob Ihr Baby Anzeichen einer Saugverwirrung zeigt. Künstliche Beruhigungssauger können dazu führen, dass Babys nicht mehr wissen, wie sie sich an der Brust ihrer Mutter ansaugen müssen. In den entscheidenden ersten zwei Monaten wird empfohlen, ganz auf Schnuller zu verzichten. Tritt das Phänomen später auf, sollte der Gebrauch von Schnullern eingeschränkt oder eingestellt werden.

Natürliche Beruhigungssauger

[1] Schneiden oder feilen Sie den Nagel Ihres kleinen Fingers, bis er keine scharfen Kanten mehr hat. Das Baby wird diesen Finger allen anderen vorziehen.

[2] Waschen Sie gründlich Ihre Hände.

[3] Drehen Sie Ihre Handfläche nach oben. Strecken Sie Ihren kleinen Finger dem Baby entgegen, die anderen Finger bleiben in die Handfläche geballt.

[4] Stecken Sie den kleinen Finger dem Baby in den Mund. Nur die Fingerspitze sollte den Gaumen berühren. Der Finger passt ganz natürlich in dessen obere Rundung.

1. Beruhigungssauger wird in den Mund eingestöpselt
2. **NATÜRLICH:** Daumen, Fingerknöchel, kleiner Finger
3. Schneiden Sie den Nagel Ihres kleinen Fingers
4. Waschen Sie Ihre Hand vor dem Einsatz
5. **KÜNSTLICH:** im Handel erhältlich
6. Vor der Verwendung auskochen oder sterilisieren

SCHNULLER: Zur Aktivierung des Schlafmodus einstöpseln

[5] Lassen Sie das Baby an Ihrem kleinen Finger saugen. Überlassen Sie dem Baby die Führung des Fingers, aber vergewissern Sie sich, dass er am oberen Gaumen des Babys bleibt.

EXPERTENTIPP: Halten Sie das Baby, wenn es älter wird, in jedem Fall davon ab, seinen eigenen Finger – oder Daumen – zur Beruhigung zu nehmen. Der Daumen im Mund führt zu langfristigen Fehlstellungen im Kiefer.

Künstliche Beruhigungssauger

[1] Kaufen Sie einen Schnuller. Schnuller gibt es in verschiedenen Formen und (altersgerechten) Größen. Testen Sie, welcher Schnullertyp mit Ihrem Modell kompatibel ist.

[2] Sterilisieren Sie den Schnuller. Waschen Sie ihn einmal in der Spülmaschine oder legen Sie ihn für fünf Minuten in kochendes Wasser. Überprüfen Sie die Schnullerspitze. Ist Wasser im Gumminippel, drücken Sie ihn (wenn möglich) aus oder warten Sie, bis er getrocknet ist, bevor Sie den Schnuller Ihrem Baby geben.

[3] Stecken Sie den Sauger in den Mund des Babys.

ACHTUNG: Befestigen Sie den Schnuller nur mit speziellen Schnullerketten – andernfalls könnte sich das Baby versehentlich strangulieren.

[4] Kaufen Sie mehrere Schnuller. Haben Sie einen geeigneten Schnuller für Ihr Modell gefunden, wird empfohlen, einen davon im Kinderbett und weitere in der Wickeltasche, im Auto, in der Tasche Ihrer Kleidung und an anderen Stellen im Haus zu platzieren.

[5] Ersetzen Sie alte Schnuller – besonders Schnuller mit kaputten, d. h. nicht mehr elastischen Saugern.

ACHTUNG: Schnuller sollten nur dazu dienen, das Baby zwischen den Mahlzeiten zu beruhigen.

Babymassage

Viele Service-Provider glauben, dass Massagen das Immunsystem stärken, die Muskelentwicklung fördern und das Wachstum des Babys stimulieren können. Massagen wirken auf die meisten Modelle beruhigend und ermöglichen User und Baby, eine engere Beziehung zu entwickeln.

Die Hände des Users sind das einzige Hilfsmittel, das man für eine Massage braucht. Massieren Sie behutsam mit frottierenden und zärtlich streichelnden Bewegungen. Legen Sie das Baby in Rückenlage auf eine harte, flache und bequeme Fläche. Schalten Sie die Heizung ein und ziehen Sie das Baby, wenn es dies zulässt, aus. Massieren Sie mit Öl, sollten Sie ein kalt gepresstes wie Distel- oder Mandelöl wählen.

[1] Massieren Sie die Beine und Füße des Babys. Beginnen Sie an den Oberschenkeln und arbeiten Sie sich bis zu den Zehen hinunter. Reiben Sie ein Bein nach dem anderen.

[2] Massieren Sie den Bauch des Babys. Streicheln Sie ihn mit flacher Hand und ausgestreckten Fingern im Uhrzeigersinn.

⚠ *ACHTUNG: Die Bauchmassage kann Urinausscheidung oder Darmwinde auslösen. Legen Sie sicherheitshalber einen Waschlappen unter das Baby, bevor Sie mit der Massage beginnen.*

[3] Massieren Sie die Brust des Babys. Streichen Sie mit flacher Hand und gestreckten Fingern über die Brust, immer von der Mitte aus in Richtung der Arme.

[4] Massieren Sie Arme und Hände des Babys. Fangen Sie an der Schulter an und arbeiten Sie sich zu den Fingern vor. Reiben Sie einen Arm nach dem anderen.

[5] Massieren Sie das Gesicht des Babys. Machen Sie erst kleine kreisende Bewegungen mit Ihren Daumen, dann behutsame streichende Bewegungen mit Ihren Fingerspitzen.

BABYMASSAGE

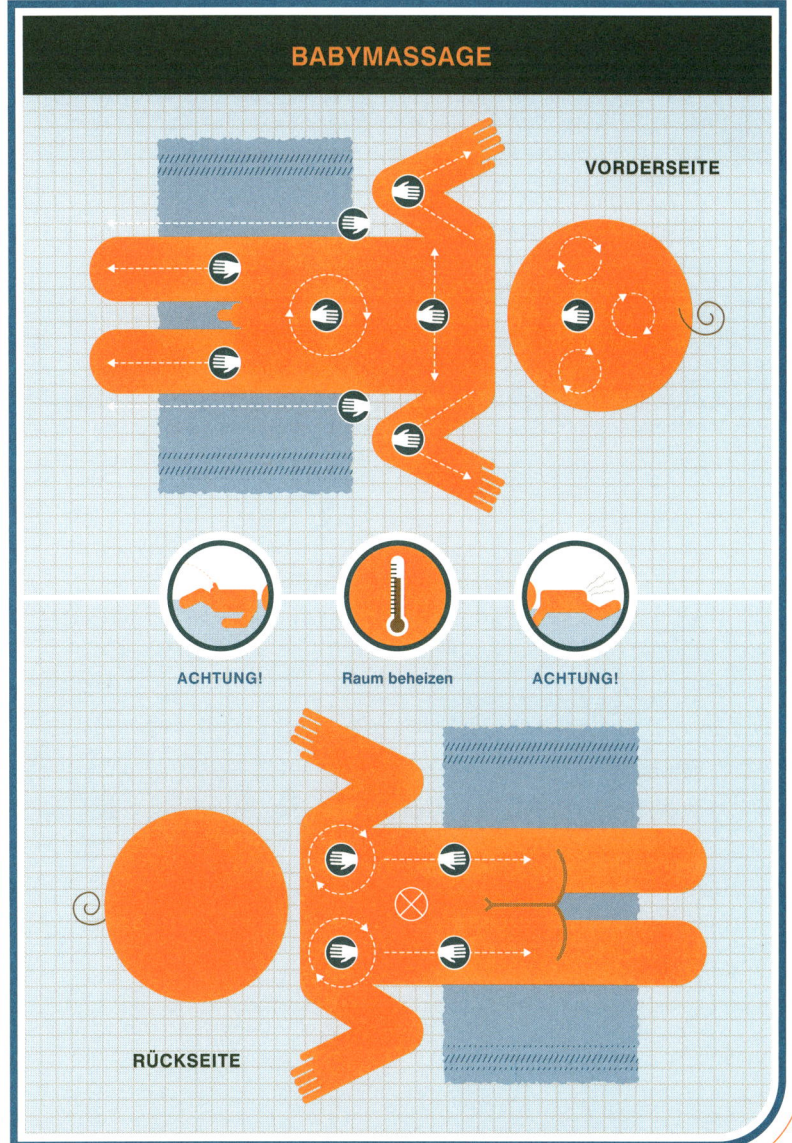

VORDERSEITE

ACHTUNG!

Raum beheizen

ACHTUNG!

RÜCKSEITE

[6] Drehen Sie das Baby auf den Bauch. Massieren Sie seinen Rücken. Beginnen Sie mit streichenden Bewegungen an der Schulter und arbeiten Sie sich an beiden Seiten des Rückens hinunter. Sparen Sie die Wirbelsäule unbedingt aus.

[7] Schließen Sie die Massage ab. Drehen Sie das Baby auf den Rücken und streichen Sie mit Ihren Fingern leicht seinen Körper entlang nach oben und nach unten. Dies signalisiert dem Baby, dass die Massage zu Ende ist. Diesen letzten Schritt sollten Sie immer ausführen, selbst wenn Sie nicht genug Zeit für alle anderen Schritte haben.

EXPERTENTIPP: *Babymassage-Kurse werden oft von ausgebildeten Masseuren angeboten. Fragen Sie Ihre Hebamme nach zusätzlichen Informationen.*

Mit dem Baby spielen

Alle Modelle profitieren aus drei Gründen von häufigen Spielzeiten. Spielen macht das Baby glücklich, kann den Schlafmodus aktivieren, und das Baby lernt dabei viel über seine Beziehung zur Welt. Nehmen Sie sich oft Zeit zum Spielen.

Spiele mit Musik

Musik wird beim Spielen besonders empfohlen; das Baby lernt die Grundlagen von Rhythmus, Bewegung und Stimmgebung, die intellektuelle und kreative Entwicklung wird beschleunigt.

[1] Suchen Sie ein geeignetes Musikstück aus. Wählen Sie Schlaflieder oder andere melodische Musikstücke mit nur ein oder zwei Klangebenen. Wählen Sie Lieder, die einen einfachen Rhythmus haben.

[2] Spielen Sie die Musik.

[**3**] Tanzen Sie mit dem Baby zur Musik. Halten Sie das Baby seiner Nacken- und Rückenmuskulatur entsprechend. Bewegen Sie Ihren Körper so, dass das Baby Takt und Rhythmus spüren kann.

[**4**] Singen Sie dem Baby vor. Ersetzen Sie die Liedtexte, die Sie nicht kennen, durch Babylaute. Das Baby brabbelt vielleicht mit.

Spiele zur Kräftigung

Einige Spiele trainieren zusätzlich bestimmte Babymuskeln, was bei der Entwicklung helfen kann. Die richtigen Übungen stärken die Muskulatur des Babys und verbessern seine Koordination und motorische Kontrolle.

⚠ *ACHTUNG: Ein Fitnessprogramm ist nicht notwendig. Die folgenden Bewegungsabläufe unterstützen lediglich die Ausbildung der Muskulatur und die motorischen Fähigkeiten des Babys.*

Bauchübungen: Legen Sie das Baby in Bauchlage auf den Boden. Legen Sie sich daneben und ziehen Sie seine Aufmerksamkeit durch Sprechen auf sich. Die Hinwendung zu Ihnen stärkt die Nacken-, Rücken- und Bauchmuskeln des Babys. Wahrscheinlich schaut es Sie an, dreht den Kopf oder hebt seinen Körper, um Sie sehen zu können, oder es rollt sich zu Ihnen herum.

Aufsitzübungen: Viele Modelle mögen diese „Sit-ups", die gleichzeitig die Bauch- und Nackenmuskulatur stärken und das Aufsetzen ohne Hilfe einfacher machen. Legen Sie das Baby in Rückenlage so auf Ihren Schoß, dass der Kopf auf Ihren Knien ruht. Halten Sie seine Beine gerade in Ihrem Schoß, legen Sie eine Hand unter jede Achsel und beugen Sie das Baby an der Taille. Bringen Sie seinen Oberkörper dabei in eine aufrechte Position. Ein älteres Baby halten Sie an der Hand und den Unterarmen und ziehen es vorsichtig an Ihren Körper. Wiederholen Sie die Übung.

⚠ **ACHTUNG:** *Heben Sie das Baby nicht an Armen oder Beinen hoch, bis es mindestens ein Jahr alt ist. Dies könnte zu Gelenkschäden führen.*

Aufstehübungen: Viele Modelle genießen diese einfache Übung, weil sie direkt in das Gesicht des Users sehen und mit ihren Beinen spielen können. Dabei werden die Bein- und Rückenmuskeln gestärkt. Setzen Sie das Baby mit dem Gesicht zu Ihnen auf Ihre Oberschenkel. Bei einem jüngeren Baby legen Sie beide Hände unter die Achseln, heben es in eine stehende Position und lassen es langsam in die sitzende Position zurück. Ein älteres Baby halten Sie an der Taille, heben es in eine stehende Position und lassen es langsam wieder hinunter.

Spielzeug

Der Einsatz von Spielzeug mag bei einem ein Monat alten Baby weniger wichtig sein, aber wenn sich das Baby weiterentwickelt, sind Spielzeuge entscheidend für seine mentale Stimulierung. Nehmen Sie Spielzeug, das dem Alter des Babys angemessen ist. Halten Sie sich dabei an die Richtlinien der Hersteller. Vermeiden Sie Spielwaren mit scharfen Kanten, losen Teilen oder Kleinteilen. Suchen Sie Spielzeug aus, das die Neugier weckt. Am besten sollte es zwei oder mehr Primärsinne (Sehen, Hören, Berühren, Fühlen und Riechen) des Babys ansprechen. Entscheiden Sie sich z. B. für ein Fühlbilderbuch mit Webpelz oder ein duftendes Spielzeug.

Spielzeug: ab dem 1. Monat

Schwarz-Weiß-Mobile: Hängen Sie ein Mobile mit schwarzen und weißen Formen über das Kinderbett, gerade außerhalb der Reichweite (ca. 30 – 38 cm über der Matratze) des Babys. In den ersten Betriebswochen reagiert das Baby intensiver auf schwarze und weiße als auf farbige Formen.

Musik: Schalten Sie das Radio oder den CD-Player ein oder lassen Sie eine Spieluhr laufen, damit das Baby Musik kennen lernt. Studien zufolge ist ruhigere und melodischere Musik in höheren Tonlagen, beispielsweise Schlaflieder, bei Babys am beliebtesten.

Stofftiere: Babys glauben häufig, dass diese lebendig sind (insbesondere, wenn das Stofftier weit geöffnete Augen hat). Dies ist ein technischer Störimpuls, der gewöhnlich in den nächsten sieben bis zwölf Jahren verschwindet.

Spielzeug: 2 bis 6 Monate

⚠ **ACHTUNG:** *Überzeugen Sie sich davon, dass Ihr Babyspielzeug sicher ist. Alle Modelle stecken anfangs Gegenstände in den Mund. Vergewissern Sie sich, dass alle Spielwaren robust gefertigt und sicher vernäht sind und keine lose hängenden Teile oder Kleinteile haben. Untersuchen Sie alle Spielzeuge regelmäßig, um sicherzustellen, dass sie diesen Standards entsprechen.*

Spiel- und Krabbeldecken: Sie sind als Zubehör bei vielen Babyausstattern erhältlich. Es sind Babyunterlagen für den Fußboden in vielen unterschiedlichen Farben und Mustern, häufig mit angenähtem Spielzeug. Das Baby lernt das Spielzeug zu drücken und an Dinge heranzukommen, für die es sich interessiert.

Bücher: Suchen Sie Bücher aus, die das Baby mit allen Sinnen erforschen kann. Pappbilderbücher, Stoffbilderbücher und Schaumstoffbilderbücher sind gute Instrumente, um das Baby für das Lesen zu interessieren. Lassen Sie es mit diesen Büchern so spielen, wie es will – ob es diese nun anschauen, sie fühlen oder daran herumkauen will.

Musikinstrumente: Viele Babys lieben es, Musik zu machen und Musik zu hören. Kleine Trommeln oder Glöckchen (ohne scharfe Kanten) können die auditiven Sensoren des Babys schärfen.

Mobiles: Mit sechs Monaten kann das Baby Farben sehen und komplexen Formen mit den Augen folgen. Suchen Sie ein hängendes oder sich bewegendes Mobile mit ungewöhnlichen Formen und leuchtenden Farben aus, um die visuelle Entwicklung des Babys zu fördern. Ersetzen Sie das schwarz-weiße Mobile durch ein farbiges. Hängen Sie es über das Kinderbett oder an eine Stelle, an der das Baby darunter liegen kann, z. B. über den Wickeltisch.

Rasseln, Quietschspielzeug und Bälle: Fördern Sie die Greiffähigkeit des Babys und den Umgang mit Gegenständen mit kleinen Greiflingen oder Babytrainern. Mit Spielzeugen, die Geräusche machen, lernt das Baby, das Prinzip von Ursache und Wirkung zu erkennen.

Unzerbrechlicher Plastikspiegel: Legen Sie einen Spiegel neben den Wickeltisch oder befestigen Sie ihn sicher an einer Seite des Kinderbetts. So sorgen Sie täglich für ein paar Minuten Vergnügen und Selbstwahrnehmung.

EXPERTENTIPP: Zu den besten (und billigsten) Babyspielzeugen zählen alltägliche Haushaltsgegenstände wie Löffel oder Untersetzer. So vertraut sie Ihnen sind: für das Baby sind sie neu und aufregend. Verwenden Sie Gegenstände, die zu groß sind, um in den Mund des Babys zu passen, die weder lose Teile noch scharfe Kanten haben und bei denen nicht die Gefahr einer Strangulierung besteht.

Spielzeug: 7 bis 12 Monate

Bälle: Auch in diesem Alter findet es das Baby immer noch vergnüglich, Spielzeuge in den Mund zu stecken und zu schmecken. Gehen Sie sicher, dass die Bälle nicht in den Mund passen und aus beißfesten Materialien sind.

Badespielzeug: Beim Baden sorgen Gegenstände aus Kunststoff, die schwimmen, Wasser aufnehmen, spritzen und/oder sich an der Seite der Badewanne festsaugen, für Unterhaltung.

Bauklötze: Mit Bauklötzen aus Holz und Plastik lernt das Baby, Dinge zu platzieren und zu stapeln. Viele Modelle werfen die Bauklotz-Türme lieber um, als sie zu bauen. Diese Funktion ist ganz normal.

Puppen und Stofftiere: Spielen Sie Puppentheater für das Baby und lassen Sie seine ausgestopften Freunde tanzen und singen.

Aufziehspielzeug: Zieht man an der Schnur, findet eine Veränderung statt. Beim Spielen mit diesem Spielzeug lernt das Baby den Zusammenhang zwischen Ursache und Wirkung kennen. Lassen Sie das Baby nie alleine, wenn es mit einem Aufziehspielzeug spielt. Es könnte die Schnur oder den Griff verschlucken.

Lauflernhilfen: Ist das Baby kräftig genug, sich an Möbeln hochzuziehen und mit Unterstützung einige Schritte zu laufen, kaufen viele User eine Lauflernhilfe. Diese rollenden Gegenstände können zur Unterstützung des Babys verwendet werden, wenn es seine ersten Schritte macht. Lauflernhilfen können (Spiel-)Fahrzeuge, stabile Puppenwagen, Stühle mit Rollen sein – alles Dinge, an denen sich das Baby festhalten und mit denen es sich über den Boden bewegen kann. Baby-Walker, auch mit Spielaufsatz erhältlich, sind jedoch nicht zu empfehlen.

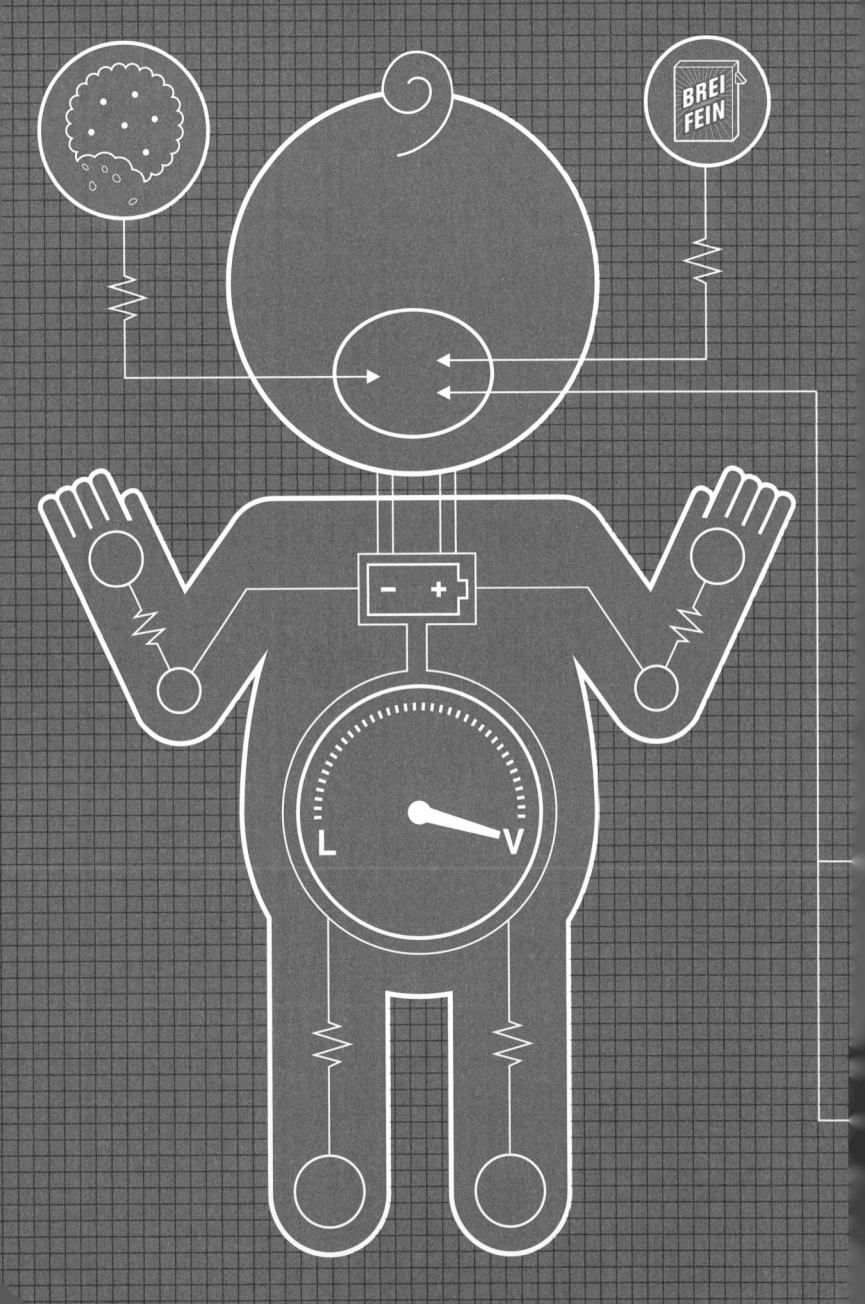

Kapitel 3

Füttern: Energie-versorgung des Babys

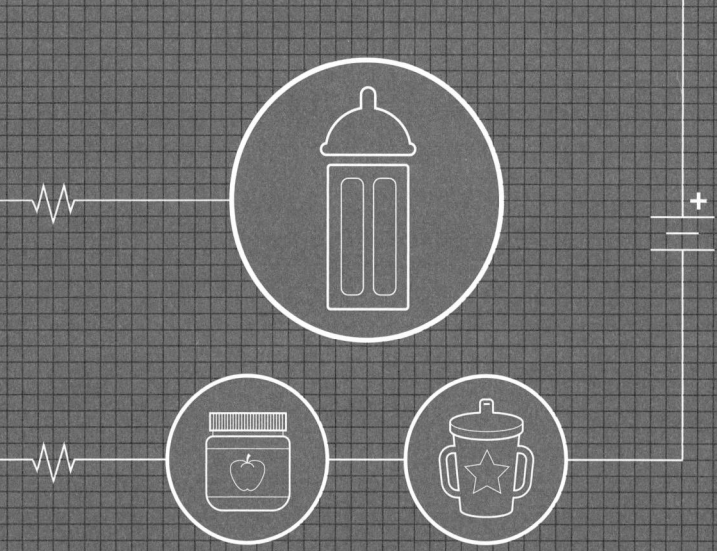

Programmierung der Fütterzeiten

Es gibt keine verbindlichen Richtlinien, welche Nahrungsmenge ein Baby zu sich nehmen sollte. Jedes Modell ist einzigartig und hat spezielle Bedürfnisse. Umfangreiche Studien deuten jedoch darauf hin, dass die meisten Neugeborenen alle drei bis vier Stunden ca. 60 – 90 ml Milch pro Mahlzeit zu sich nehmen. Diese Gewohnheiten können je nach Gesundheitszustand, Bewegungsdrang, Wachstumsphasen oder sogar Wetterbedingungen schwanken. Ältere Babys brauchen weniger Mahlzeiten.

Justieren der Babymahlzeit: 1. Monat

Achten Sie auf die folgenden drei Indikatoren, um sicherzugehen, dass der Zeitplan für die Mahlzeiten Ihres Modells richtig ist.

Gewichtszunahme: Nach der ersten Woche – in der das Baby bis zu einem Zehntel seines Liefergewichts verlieren kann – nimmt ein Neugeborenes im Allgemeinen bis zu ca. 30 g am Tag zu. Der Service-Provider stellt das Gewicht des Babys routinemäßig in den Vorsorgeuntersuchungen fest und notiert es in der Gewichtsverlaufskurve des Kinderuntersuchungsheftes. Liegt die Gewichtszunahme des Babys im Toleranzbereich dieser Kurve, erhält es sehr wahrscheinlich die richtige Nahrungsmenge.

Körperliche Anzeichen: Der eingebaute Saugreflex kann dabei behilflich sein, den Hunger des Babys einzuschätzen. Ist das Baby hungrig, aktiviert es seinen Saugreflex – der Mund ist offen und das Baby scheint nach Nahrung zu suchen.

Windeln: Die meisten Babys haben sechs- bis achtmal täglich nasse oder volle Windeln.

Justieren der Babymahlzeit: 2. bis 6. Monat

Zwischen dem zweiten und sechsten Betriebsmonat des Modells werden Muttermilch oder Fertigmilch nach einem verlässlicheren Zeitplan konsumiert. Um den vierten Monat könnte das Baby bereit sein, einfache feste Nahrung wie Karottenmus zu essen. Es gibt keine festen Richtlinien, wie viel ein Baby essen oder nicht essen sollte. Die meisten Modelle essen achtmal am Tag, ältere Babys seltener. Achten Sie auf die folgenden drei Indikatoren, wenn Sie bezüglich der Menge der Nahrungsaufnahme unsicher sind.

Gewichtszunahme: In diesem Zeitraum nimmt das Baby zwischen ca. 15 und 30 Gramm am Tag zu. Liegt die Gewichtszunahme des Babys im Toleranzbereich dieser Kurve, erhält es sehr wahrscheinlich die richtige Nahrungsmenge.

Körperliche Anzeichen: Der Saugreflex des Babys entwickelt sich zu einer zielgerichteteren Form der Nahrungssuche. Das Baby versucht, sich an Ihrem Arm festzubeißen oder an seinem Finger zu saugen, um zu signalisieren, dass es zur Nahrungsaufnahme bereit ist. Folglich wird es einfacher sein zu erkennen, wann es Hunger hat. In diesem Alter gibt das Baby dem User voraussichtlich alle drei bis vier Stunden Signale zur Nahrungsaufnahme.

Windeln: Kontrollieren Sie die Windeln, um festzustellen, ob die Nahrung richtig verdaut wurde. Nach der Umstellung auf feste Nahrung wird der Output kompakter und nimmt die Farbe der verzehrten Nahrung an.

Justieren der Babymahlzeit: 7. bis 12. Monat

Zwischen dem 7. und 12. Monat beginnt das Baby, Nahrung nach einem geregelten Zeitplan einzufordern. Obwohl die Ernährung überwiegend auf Muttermilch oder Fertigmilch basiert, können Sie anfangen, sie mit einer Auswahl an fester Nahrung zu ergänzen: püriertes Obst, Gemüse und dann auch Fleisch und andere Proteine.

Etwa mit sieben Monaten sollten die User eine Vorstellung davon haben, wie viel Nahrung ihr Baby benötigt. Achten Sie auf die folgenden drei Indikatoren, wenn Sie bezüglich der Menge der Nahrungsaufnahme unsicher sind.

Gewichtszunahme: Das Baby wird täglich ca. 15 Gramm zunehmen. Dies indiziert normale Körperfunktionen und Nahrungsaufnahme.

Körperliche Anzeichen: Die körperlichen Anzeichen – Weinen, Kauen an Gegenständen und Versuche, seine Hand „zu essen" – sollten Ihnen zu diesem Zeitpunkt vertraut sein. Die Forderung des Babys nach Nahrung wird sich zunehmend mit Ihren eigenen Essenszeiten decken (auch wenn das Baby dazwischen zusätzliche Mahlzeiten benötigt).

Windeln: Mit fortschreitender Nahrungsumstellung wird der Output Ihres Babys kompakter und nimmt die Farbe der verzehrten Nahrung an. Volle Windeln sind weiterhin ein guter Indikator für einen gut funktionierenden Verdauungsprozess.

*⚠️ **EXPERTENTIPP:** Zusätzlich zur festen Nahrung trinkt das Baby im Allgemeinen viermal täglich ca. 180 bis 240 ml Milch.*

Füttern auf Verlangen versus feste Fütterungszeiten

Um festzustellen, ob ihr Modell eine Nahrungszufuhr benötigt, entscheiden sich die meisten User für eine oder beide der folgenden Methoden.

Füttern auf Verlangen: Alle Modelle sind mit vorinstallierten körperlichen Signalmeldern ausgestattet, die anzeigen, dass zusätzliche Nahrung notwendig ist. Weinen, Kauen an den Händen und der Saugreflex sind einige, aber nicht alle Indikatoren. User, die nach der Methode „Füttern auf Verlangen" verfahren, bieten ihrem Baby Nahrung an, wenn sie eines dieser Signale empfangen.

Feste Fütterungszeiten: User mit Babys, die älter als drei Monate sind, bevorzugen diese Methode und bieten ihren Babys regelmäßig alle zwei bis vier Stunden Nahrung an (mit Anpassungen an die Schlafgewohnheiten, die Wachstumsphasen und die Gesundheit des Babys). Feste Fütterungszeiten erlauben dem User, eine tägliche Routine einzuführen.

MUTTERMILCH VS. FERTIGMILCH:

Die Erstversorgung des Babys mit Nahrung erfolgt entweder durch Muttermilch oder Fertigmilch. Kinderärzte, Kinderschwestern, Hebammen und andere Service-Provider der Babypflegeindustrie sind sich darüber einig,

Muttermilch

🙂 Pro	🙁 Contra
🙂 Billiger	🙁 Mutter fühlt sich eventuell zu sehr gebunden
🙂 Immer greifbar	🙁 Weniger Schlaf für die Mutter
🙂 Natürlichste Methode des Fütterns	🙁 Häufigeres Füttern erforderlich
🙂 Enthält Antikörper und wichtige Enzyme	🙁 Vater fühlt sich eventuell vernachlässigt
🙂 Verstärkt die Bindung zwischen Mutter und Kind	
🙂 Unterstützt die postnatale Kontraktion der Gebärmutter	
🙂 Unterstützt die Beruhigung des Babys	

Auswahl der Nahrungsquelle

dass Muttermilch die beste Nahrungsquelle ist. Einige User können jedoch nicht stillen, andere wollen es nicht. Wägen Sie ab und entscheiden Sie sich für die für Sie beste Lösung.

 **Fertigmilch**

☺ Pro	☹ Contra
☺ Jeder kann das Baby füttern	☹ Enthält keine Antikörper
☺ Selteneres Füttern erforderlich	☹ Teurer
☺ Nahrungsmenge ist leicht zu messen	☹ Erfordert mehr Zubehör
☺ Keine medikamentösen oder ernährungsbezogenen Bedenken für die Mutter	☹ Erfordert mehr Vorbereitung

Stillen

Die Brust des männlichen Users ist nicht mit dem Nahrungsaufnahme-system des Babys kompatibel. Sind Sie der männliche User, empfehlen wir Ihnen, diese Informationen sehr genau zu lesen und das Handbuch dann an den weiblichen User zur Lektüre weiterzugeben.

Stillbasics

Damit das Baby beinahe sofort mit dem Trinken an der Mutterbrust beginnen kann, wird es mit vorgefertigten Instinkten und Fähigkeiten geliefert. Der User benötigt jedoch zusätzliches Training. Machen Sie sich mit den folgenden Fachbegriffen vertraut.

Kolostrum: Nach der Lieferung des Babys produzieren die Brüste der Mutter eine dicke, orange-gelbe Flüssigkeit. Kolostrum, oder Vormilch, ist reich an Antikörpern, Proteinen und anderen schützenden Bestandteilen.

Milchflussreflex: Beginnt das Baby zu trinken, wird automatisch der Milchflussreflex der stillenden Mutter aktiviert. Ihr Körper schüttet Hormone aus, die die Milchproduktion stimulieren und Milch aus ihren Brustwarzen freisetzen. Einige Mütter haben keinen Milchflussreflex – das ist normal.

Vergrößerte Brüste: Die Brüste der Mutter füllen sich meist bereits im Vorfeld, um sich dem Zeitplan des Fütterns anzupassen. Dies führt möglicherweise zur Bildung unangenehmer Milchseen. Der User kann den Druck der angeschwollenen Brüste durch Füttern des Babys, Auflegen warmer oder kalter Kompressen oder Abpumpen mit einer Milchpumpe lindern.

EXPERTENTIPP: Pumpen Sie nicht mehr als ca. 30 ml ab, wenn Sie die gestaute Milch mit einer Milchpumpe abpumpen. Je mehr Milch Sie abpumpen, umso mehr Milch produzieren die Brüste nach.

Wichtiges Stillzubehör

Das folgende Stillzubehör erleichtert das Stillen. Alle Utensilien sind bei Babyausstattern erhältlich.

 **Stillkissen:** Diese speziell geformten Kissen werden um den Körper der Mutter gelegt und unterstützen den Halt des Babys beim Stillvorgang.

 **Tragetuch:** Manche User halten ein über die Schulter geknotetes Tragetuch für eine nützliche Stütze beim Still-vorgang.

 **Bequemer Stuhl oder Schaukelstuhl:** Stühle, die den Kör-per und die bevorzugte Sitzposition der Mutter unterstützen, erhöhen die Bequemlichkeit beim Stillen. Viele User finden einen zusätzlichen Fußschemel angenehm.

 **Still-BH:** Still-BHs sorgen für einen leichten Zugang zur Brust. Sie werden mit Stilleinlagen verwendet, die die Klei-dung vor Milchflecken schützen. Kaufen Sie die Büstenhal-ter erst nach dem Milcheinschuss, da sich Ihre Körbchen-größe verändern wird.

 **Milchpumpe und Zubehör:** Eine Milchpumpe ist ein me-chanisches oder elektrisches Gerät, das Milch aus der Brust des Users extrahiert. Die Milchpumpe ermöglicht dem weib-lichen Elternteil, eine Stillpause einzulegen – und gibt dem männlichen Elternteil die Chance, seine Beziehung zum Baby zu intensivieren. Dieses Zubehör ist ziemlich teuer; elektrische Pumpen können Sie in Apotheken mieten, Hand-pumpen erhalten Sie im Fachhandel. Sie werden zusammen mit Vorratsfläschchen und Vorratsbeuteln sowie Fläschchen und Saugern für Neugeborene verwendet.

Gesunde Ernährung in der Stillzeit

Die Zusammensetzung der Muttermilch spiegelt die Ernährung der Mutter wider. Um dem Baby die Vorzüge einer gesunden Ernährung zu garantieren, folgen Sie nachfolgenden Richtlinien.

[1] Passen Sie Ihren Kalorienbedarf an. Usern wird empfohlen, ihre Kalorienzufuhr um 300 bis 500 Kalorien täglich zu erhöhen. Ob das für Sie und Ihr Modell notwendig ist, erfahren Sie bei Ihrem Service-Provider.

[2] Ernähren Sie sich ausgewogen. Dazu gehören regelmäßige Mahlzeiten, u. a. mit Vollkornprodukten, Müsli, Obst, Gemüse und Milchprodukten, ebenso wie viele Proteine, Kalzium und Eisen.

[3] Vermeiden Sie Rauchen, Koffein und Alkohol. Neueste Untersuchungsergebnisse legen nahe, dass es eine direkte Korrelation zwischen dem Rauchen während der Stillzeit und dem Plötzlichen Kindstod gibt. Koffein ist in bescheidenem Maße vertretbar, aber es wird empfohlen, auf Alkohol ganz zu verzichten. Planen Sie Ihren Koffeinkonsum so, dass Sie Koffein nur nach dem Stillen zu sich nehmen, damit es sich bis zur nächsten Stillzeit wieder abgebaut hat.

[4] Manche User sollten mit stark gewürzten Speisen vorsichtig sein. Einige Modelle mögen es nicht, wenn die Milch mit dem Geschmack von Curry, Knoblauch oder Ingwer versetzt ist – andere nehmen es gar nicht zur Kenntnis. Essen Sie stark gewürzte Speisen nur gelegentlich und beobachten Sie die Reaktion Ihres Modells.

[5] Vermeiden Sie blähende Nahrungsmittel (siehe auch Kolik) und gewichtsreduzierende Diäten und trinken Sie mindestens zwei Liter Wasser am Tag.

[6] Sprechen Sie mit Ihrem Service-Provider über die Einnahme von Vitaminen, Medikamenten und Nahrungsergänzungsmitteln. Viele User nehmen in der Stillzeit weiterhin Schwangerschaftsvitamine. Klären Sie die Einnahme von Nahrungsergänzungsmitteln oder verschreibungspflichtigen Medikamenten immer vorher mit dem Service-Provider ab.

⚠️ *ACHTUNG: Wollen Sie eine gewichtsreduzierende Diät beginnen, sollten Sie dies vorher mit einem Service-Provider abklären, um sicherzugehen, dass das Baby weiterhin die richtige Ernährung erhält. Vermeiden Sie Diät-Pillen und beschränken Sie Ihre Gewichtsabnahme auf ein halbes Kilo pro Woche. Geben Sie dabei einer gesunden Diät den Vorzug und sorgen Sie für ausreichende Bewegung. Starten Sie frühestens sechs Wochen nach der Lieferung des Babys mit der Gewichtsreduzierung. Machen Sie sich auch klar, dass die meisten weiblichen User ihr Vorschwangerschaftsgewicht erst zehn bis zwölf Monate nach der Entbindung wieder erreichen. Ihnen sollte auch bewusst sein, dass Stillen (ca.) 550 – 650 Kalorien am Tag verbrennt.*

[**7**] Achten Sie auf allergische Symptome. Zeigt das Baby Symptome wie Blähungen, Durchfall, Ausschlag oder Unruhe, könnte es an einer Kuhmilchallergie leiden. Streichen Sie für zwei Wochen alle Kuhmilchprodukte von Ihrem Speiseplan und beobachten Sie, ob sich der Zustand des Babys bessert. Sprechen Sie mit dem Service-Provider über Ihre Beobachtungen.

Stillpositionen

Beim Stillen kann der User verschiedene Positionen einnehmen. Die drei beliebtesten sind nachstehend aufgelistet. Fortgeschrittene User können diese Haltungen so variieren, wie es für sie am bequemsten ist.

💡 *EXPERTENTIPP: Manche User entkleiden sich und das Baby vor dem Stillen. Der verstärkte Hautkontakt kann sowohl die aufgenommene Nahrungsmenge als auch die Milchproduktion steigern.*

Wiegehaltung

Diese universell einsetzbare Haltung ist für Neueinsteiger am einfachsten (Abb. A).

[**1**] Setzen Sie sich in einen bequemen Sessel. Stützen Sie Ihre Arme, Ihren Rücken und das Gewicht des Babys mit einem oder mehreren Kissen ab. Sie können Ihre Füße auch auf einen Schemel stellen.

[**2**] Wiegen Sie das Baby. Sein Kopf liegt an der Brust, an der es trinken soll.

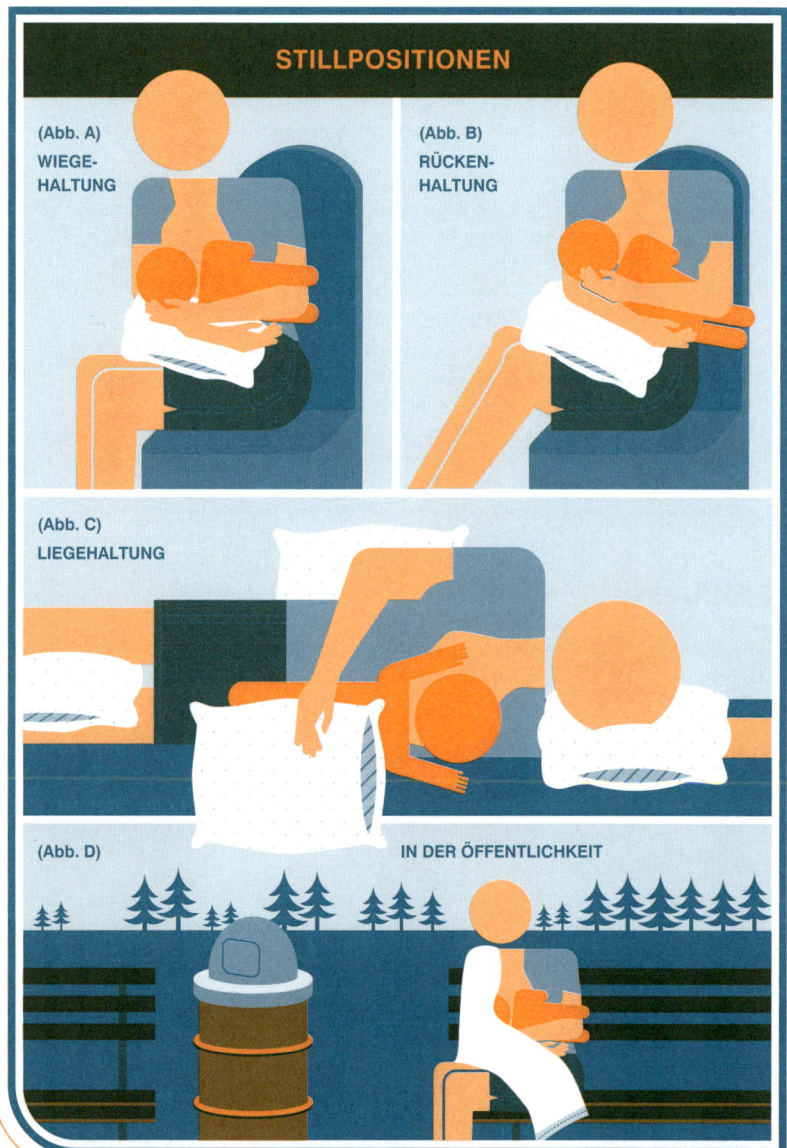

[**3**] Drehen Sie das Baby mit dem Gesicht zu Ihrem Körper. Ihre Brust liegt am Gesicht des Babys.

[**4**] Legen Sie die Arme des Babys seitlich am Oberkörper an und halten Sie diese zur Reduzierung seiner Mobilität fest. Legen Sie das Baby an der Brust an.

Rückenhaltung

Mütter, die sich von einem Kaiserschnitt erholen, stillen oft in dieser Position, weil das Baby dabei nicht auf der Narbe liegt. Unabhängig von der Art der Entbindung kann diese Position für jedes Modell angewendet werden (Abb. B).

[**1**] Setzen Sie sich in einen bequemen Sessel. Klemmen Sie ein oder mehrere Kissen unter die Arme und stellen Sie die Füße auf einen Schemel.

[**2**] Schieben Sie einen Arm unter Körper, Rücken und Kopf des Babys, so dass seine Füße zwischen Ihrer Seite und Ihrem Arm liegen. Stillen Sie an der linken Brust, nehmen Sie den linken Arm und umgekehrt. Stützen Sie den Kopf und Nacken des Babys mit Ihrem Arm.

[**3**] Drehen Sie das Baby mit dem Gesicht zu Ihrem Körper.

[**4**] Legen Sie den Rumpf des Babys bequem unter Ihre Achsel und legen Sie das Baby an der Brust an.

Liegehaltung

Diese Position wird meist in der Nacht eingenommen. Sie kann auch sehr bequem sein, wenn die Mutter müde ist (Abb. C).

[**1**] Legen Sie sich hin. Wollen Sie an der linken Brust stillen, liegen Sie auf der linken Seite und umgekehrt.

[**2**] Stützen Sie Ihren Körper mit einem Kissen hinter Ihrem Rücken, einem unter Ihrem Kopf und einem zwischen Ihren Knien.

[**3**] Legen Sie das Baby nahe an Ihre Brust. Sein Körper soll Ihrem zugewandt sein und sein Gesicht auf der Höhe Ihrer Brust liegen.

[4] Platzieren Sie ein Kissen hinter dem Rücken des Babys, damit es sich gemütlich an Ihren Körper kuscheln kann, und legen Sie es an der Brust an.

Stillen in der Öffentlichkeit

In der Öffentlichkeit zu stillen wird heute fast überall akzeptiert. Wenden Sie die folgende Technik an, dann ist es bequemer für Sie (Abb. D).

[1] Suchen Sie sich einen ruhigen, bequemen Ort. Wenn Sie sich im Freien aufhalten, ist ein wenig frequentierter Bereich mit einer Bank oder einer anderen Sitzgelegenheit gut geeignet.

[2] Stillen Sie in der Wiege- oder Rückenhaltung. Breiten Sie ein Tuch über Ihre Schulter und das Baby. Das Tuch ist wie ein Zelt, das den Kopf des Babys und Ihre Brust abdeckt. Das Tuch sollte nicht zu schwer sein und ausreichend Abstand zum Gesicht des Babys haben. Ein Moltontuch ist gut geeignet.

[3] Beginnen Sie mit dem Stillen.

[4] Wenn das Baby Bäuerchen macht, bedecken Sie seinen Körper und Ihre Brust.

[5] Wenn Sie die Brust wechseln, legen Sie die Decke auf die andere Seite.

Anlegen des Babys

Am allerwichtigsten für gutes Stillen ist das richtige Anlegen des Babys. Saugt sich Ihr Modell nicht genügend an Ihrer Brust fest, ist das Stillen ineffizient, frustrierend und oft schmerzhaft.

[1] Legen Sie das Baby mit dem Gesicht zu Ihrer Brust, so hat es einen guten Blick auf seine Nahrungsquelle. Der Körper des Babys sollte von Kopf bis Fuß gerade sein.

[2] Aktivieren Sie den Saugreflex des Babys. Streicheln Sie seine Wange mit einem Finger. Ihr Baby sollte sich in Richtung des Reizes drehen, seinen Mund öffnen und zur Nahrungsaufnahme bereit sein (Abb. A).

[3] Heben Sie Kopf und Körper des Babys an Ihre Brust. Bringen Sie immer das Baby zur Brust und nie die Brust zum Baby.

[4] Schließen Sie den Mund des Babys um Brustwarze und Brustwarzenhof. Bei richtigem Ansaugen liegt der Mund wie ein Saugnapf über der Brust

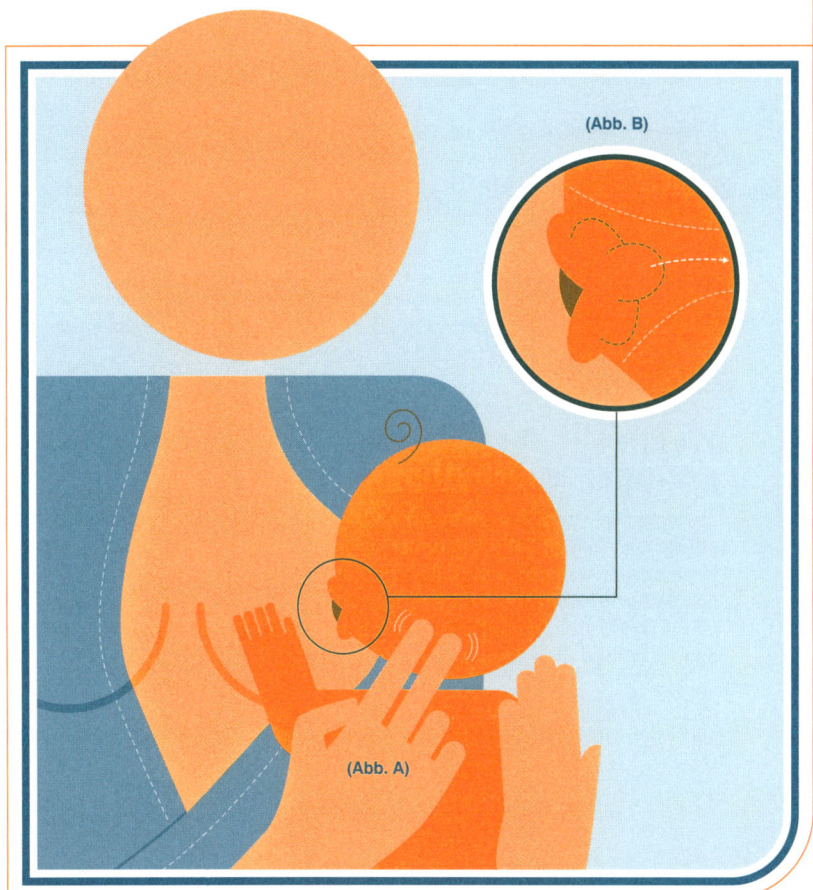

(Abb. B)

(Abb. A)

(Abb. B). Die Unterlippe des Babys ist nach außen gestülpt. Saugt das Baby nur an der Brustwarze und/oder an Teilen des Brustwarzenhofs, kann der Zug schmerzhaft für die Mutter sein (und unbefriedigend für das Baby).

[5] Hat sich das Baby festgesaugt, neigt sich der ganze Babykörper zu Ihrem eigenen Körper. Stützen Sie das Baby je nach Position mit einem weiteren Kissen ab.

[6] Das Baby beginnt automatisch zu trinken. Dabei bewegen sich seine Ohren, und Sie hören es schlucken.

[7] Um die Energiezufuhr zu kappen, stecken Sie einen Finger in den Mund des Babys. Damit wird das Saugen unterbrochen und die Brust losgelassen. Wollen Sie die Brust wechseln oder hat das Anlegen nicht funktioniert, wiederholen Sie Schritt 1 bis 6.

EXPERTENTIPP: Berühren Sie beim Stillen nie den Hinterkopf des Babys. Dies aktiviert einen Rückzugsreflex, der zu Verletzungen an Ihrer Brust führen kann. Halten Sie das Baby so am hinteren Nacken, unterhalb der Ohren, dass Ihre Hand den Nacken unterstützen kann.

Wechseln der Brust und richtiger Stillrhythmus

Idealerweise sollte das Baby im Laufe des Tages an beiden Brüsten gleich lang trinken. Die Stilldauer an jeder Brust variiert jedoch von Modell zu Modell und von Stillen zu Stillen. Viele Faktoren (einschließlich Wachstumsphasen, Stillrhythmus und Stillphilosophie) können die Länge des Stillens beeinflussen. Wir empfehlen daher, sich generell an den folgenden Richtlinien zu orientieren.

EXPERTENTIPP: Versuchen Sie, den Stillrhythmus zu erhöhen, wenn Sie nicht genügend Milch für das Baby produzieren. Je stärker die Brüste stimuliert werden, desto mehr Milch produzieren sie. Konsultieren Sie Ihren Service-Provider, bevor Sie Muttermilch mit Fertigmilch ergänzen.

[1] Stillen Sie immer zuerst an der Brust, an der Sie beim letzten Stillen aufgehört haben. Sie behalten die Übersicht, indem Sie eine Büroklammer oder Sicherheitsnadel an Ihrem Büstenhalter befestigen oder sich den Verlauf auf einem Notizzettel vermerken. Da viele Modelle an der ersten Brust mehr Zeit verbringen als an der zweiten, ist Ihre Milchproduktion so an beiden Brüsten ausgeglichen.

[2] Erlauben Sie dem Baby, mindestens 10 bis 15 Minuten an der ersten Brust zu trinken. Der größte Teil der Milch sollte dann verzehrt sein. Lassen Sie das Baby nuckeln, bis es von selbst loslässt.

[3] Lassen Sie das Baby Bäuerchen machen.

[4] Bieten Sie dem Baby die zweite Brust an und erlauben Sie ihm so lange zu nuckeln, wie es will.

[5] Lassen Sie das Baby Bäuerchen machen.

[6] Falls nötig, installieren Sie eine saubere Windel.

[7] Notieren Sie sich, an welcher Brust das Baby zuletzt getrunken hat (siehe Schritt 1).

EXPERTENTIPP: Neugeborene schlafen häufig während oder direkt nach dem Trinken an der ersten Brust ein. Wechseln Sie die Windel oder streicheln Sie das Baby an den Füßen oder am Rücken, um es aufzuwecken und weiterzustillen.

Flaschenernährung

Die Ernährung mit der Flasche ist für viele User eine bequeme und einfache Methode. User, die nicht stillen, können aus diesem praktischen Behälter Fertigmilch füttern. User, die stillen, können die Milch abpumpen, so dass das Baby nicht ausschließlich von der Mutter gefüttert werden muss. Verwenden Sie immer eine bruchsichere Flasche, am besten mit einem Anti-Kolik-Sauger, der Blähungen und Schluckauf reduziert.

Reinigung der Flaschen

Sterilisieren Sie in den ersten sechs Monaten Ihr Fütterzubehör am besten nach jeder Mahlzeit, jedoch mindestens einmal täglich, um das Baby vor Bakterien zu schützen. Danach reinigen Sie das Zubehör täglich mit Spülmittel und Wasser und sterilisieren es wöchentlich. Sterilisieren Sie die gesamte Ausstattung, einschließlich Trinkflaschen, Sauger, Vorratsflaschen und Verschlusskappen.

[**1**] Waschen Sie Ihre Hände gründlich mit Seife und warmem Wasser.

[**2**] Leeren und waschen Sie die gesamte Ausstattung. Verwenden Sie Spülmittel, warmes Wasser und eine Bürste. Reinigen Sie jedes Stück gründlich und spülen Sie es ab.

[**3**] Legen Sie das gesamte Zubehör in einen handelsüblichen Sterilisator. Folgen Sie den Anweisungen des Herstellers.

[**4**] Oder: Legen Sie das Zubehör in einen großen mit Wasser gefüllten Topf. Bringen Sie das Wasser zum Kochen und lassen Sie die Utensilien mindestens zehn Minuten weiterkochen. Schließen Sie keinesfalls den Deckel, damit das Zubehör nicht schmilzt. Nehmen Sie den Topf vom Herd.

[**5**] Entnehmen Sie die Teile. Abspülen und trocknen lassen.

Füttern mit Fertigmilch

Es gibt zahlreiche Marken und Sorten von Fertigmilch. Die meisten basieren auf Kuhmilch, die in einem Verarbeitungsprozess babyverträglich aufbereitet wurde. Andere Fertigmilchsorten basieren auf Sojamilch.

Fertigmilch ist ein hoch konzentriertes Milchpulver, das mit abgekochtem Wasser verrührt wird. Das Milchpulver kann, ohne zu verderben, vorportioniert in einem leeren Fläschchen aufbewahrt werden, bis der User Wasser hinzufügt. Daher ist es eine bequeme Alternative für unterwegs.

Zubereitung

Rühren Sie die benötigte Menge an. Bereiten Sie diese erst direkt vor der Mahlzeit zu.

[1] Bringen Sie eine kleine Wassermenge in einem sauberen Topf zum Kochen. Einige User verwenden stattdessen keimfreies Wasser (in Drogerien im Babynahrungs-Regal erhältlich), da es nicht abgekocht werden muss.

[2] Waschen Sie gründlich Ihre Hände.

[3] Lassen Sie das Wasser abkühlen, bis die Temperatur nur wenig über Körpertemperatur liegt.

[4] Gießen Sie die benötigte Menge Wasser in die Flasche.

[5] Fügen Sie das Milchpulver hinzu. Schritt 4 und 5 können getauscht werden.

[6] Schrauben Sie den Sauger auf.

[7] Schütteln Sie die Flasche. Decken Sie das Loch des Saugers mit einem Finger oder der Verschlusskappe zu. Schütteln Sie, bis sich das Pulver vollständig aufgelöst hat.

[8] Testen Sie die Temperatur der Milch. Lassen Sie ein wenig Milch auf die Unterseite Ihres Handgelenks tropfen. Sie sollte höchstens Körpertemperatur haben. Falls sie zu warm ist, stellen Sie die Milch in den Kühlschrank. Verwenden Sie kaltes keimfreies Wasser, stellen Sie die Flasche so lange in ein warmes Wasserbad, bis sie lauwarm ist.

Fertigmilch unterwegs zubereiten

Halten Sie immer ein Fläschchen mit vorportioniertem Milchpulver in Ihrer Wickeltasche bereit, falls Sie Ihr Kind mit Fertigmilch füttern. Die meisten Restaurants und Cafés versorgen Sie gerne mit heißem Wasser.

[1] Fragen Sie die Bedienung (oder einen anderen Mitarbeiter) nach einer Tasse abgekochtem Wasser.

[2] Füllen Sie das Wasser zur Fertigmilch in die Flasche. Verschließen Sie die Flasche und schütteln Sie kräftig. Decken Sie dabei das Saugerloch mit einem Finger ab. Vergewissern Sie sich, dass sich das Milchpulver vollständig aufgelöst hat.

[3] Kühlen Sie das Fläschchen u. U. in kaltem Wasser ab. Lassen Sie sich ein Schälchen geben oder halten Sie es unter einen kalten Wasserhahn.

[4] Testen Sie die Temperatur. Geben Sie einige Tropfen auf die Unterseite Ihres Handgelenks. Die Milch sollte höchstens Körpertemperatur haben. Lassen Sie sie ggf. weiter abkühlen.

[5] Geben Sie die Flasche. Schütten Sie Milchreste weg.

Aufbewahrung der Muttermilch

[1] Pumpen Sie die Muttermilch ab. Verwenden Sie dazu eine Milchpumpe oder streichen Sie die Milch mit der Hand in einen sterilen Behälter, beispielsweise ein Fläschchen, aus. Dem User wird empfohlen, eine volle Füttermenge (ca. 60 bis 120 ml) sowie mehrere Teilfüttermengen (ca. 30 bis 60 ml) vorrätig zu halten.

[2] Verschließen Sie den Behälter fest.

[3] Beschriften Sie den Behälter mit Datum und Uhrzeit.

[4] Stellen Sie den Behälter in den Kühlschrank oder gießen Sie seinen Inhalt in einen (speziellen) Tiefkühlbeutel und geben Sie ihn ins Gefrierfach. Muttermilch kann im Kühlschrank fünf Tage aufgehoben – und in dieser Zeit nach Belieben eingefroren – werden. Muttermilch kann im Gefrierfach zwischen zwei und vier Monaten aufbewahrt werden.

⚠ *ACHTUNG: Aufgetaute Muttermilch muss innerhalb von 24 Stunden verbraucht werden. Schütten Sie nicht getrunkene Milchreste weg.*

Erwärmen der tiefgefrorenen Muttermilch

[1] Tiefgefrorene Milch lassen Sie im Kühlschrank auftauen. Oder Sie halten den Behälter unter warmes (nicht heißes) Wasser. Gießen Sie die Flüssigkeit in eine Flasche.

[2] Stellen Sie die Flasche in eine Schüssel mit warmem Wasser, bis die Milch lauwarm ist. Sie können die Milch auch mit einem elektrischen Fläschchenwärmer anwärmen.

⚠ *ACHTUNG: Erhitzen Sie Muttermilch nicht in der Mikrowelle. Mikrowellen erhitzen Flüssigkeiten ungleichmäßig und zerstören wichtige Enzyme in der Muttermilch.*

[3] Schrauben Sie einen Sauger auf die Flasche.

[4] Rollen Sie die Flasche vorsichtig von einer Seite auf die andere. Manchmal setzt sich beim Erwärmen das Milchfett von der Flüssigkeit ab. Dieser Vorgang wird sie wieder vermischen. Die Flasche nicht schütteln.

[5] Testen Sie die Temperatur der Milch. Lassen Sie einige Tropfen Milch auf die Unterseite Ihres Handgelenks tropfen. Die Milch sollte höchstens Körpertemperatur haben. Lassen Sie die Milch im Kühlschrank abkühlen, falls sie zu heiß ist.

[6] Geben Sie die Flasche. Schütten Sie Milchreste weg.

Füttern mit der Flasche

Mit der Flasche können Sie jederzeit überall füttern. Der User kann bequem sitzen oder sogar stehen. Halten Sie das Baby immer aufrecht; liegt es, erhöht sich das Risiko, dass es sich verschluckt.

[1] Halten Sie den Flaschensauger unmittelbar vor dem Füttern unter warmes Wasser, um ihn der Körpertemperatur des Babys anzugleichen (Abb. A).

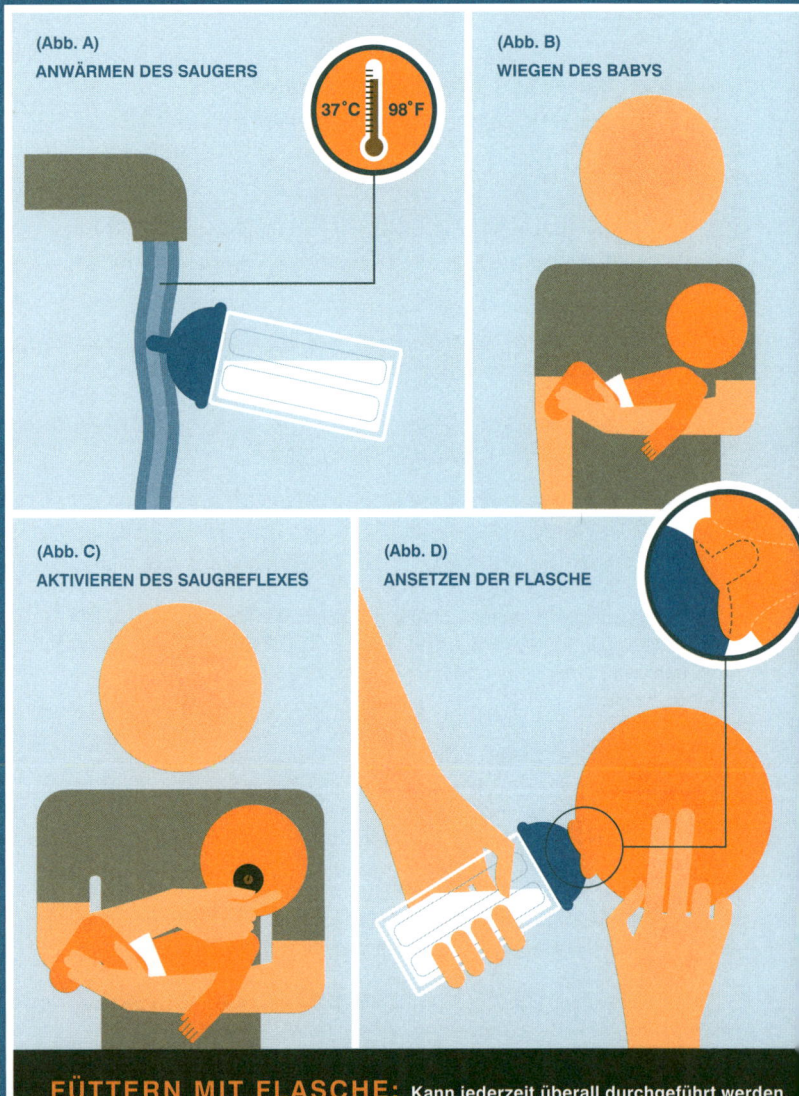

(Abb. A)
ANWÄRMEN DES SAUGERS
37°C 98°F

(Abb. B)
WIEGEN DES BABYS

(Abb. C)
AKTIVIEREN DES SAUGREFLEXES

(Abb. D)
ANSETZEN DER FLASCHE

FÜTTERN MIT FLASCHE: Kann jederzeit überall durchgeführt werden.

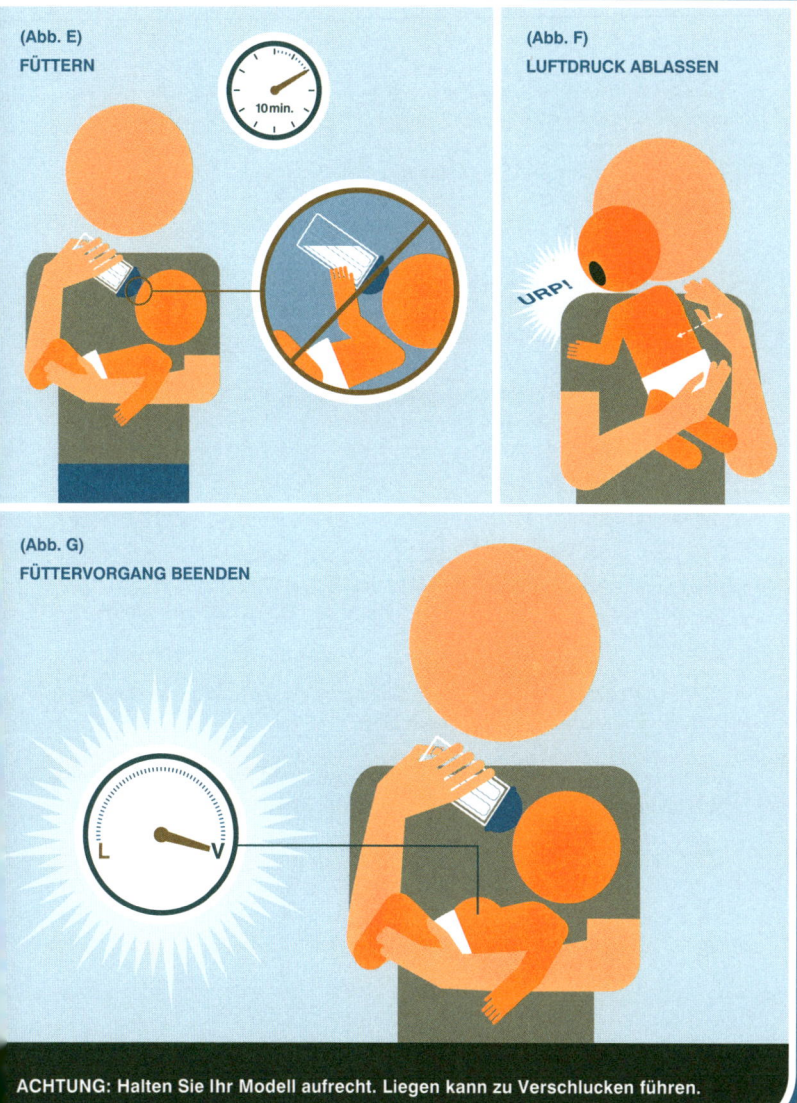

(Abb. E)
FÜTTERN

10min.

(Abb. F)
LUFTDRUCK ABLASSEN

URP!

(Abb. G)
FÜTTERVORGANG BEENDEN

L V

ACHTUNG: Halten Sie Ihr Modell aufrecht. Liegen kann zu Verschlucken führen.

[2] Wiegen Sie das Baby. Halten Sie seinen Kopf etwas höher als den übrigen Körper (Abb. B).

[3] Aktivieren Sie den Saugreflex des Babys. Streicheln Sie mit einem Finger über die Wange des Babys; es sollte sich in Richtung des Reizes drehen, seinen Mund öffnen und zur Nahrungsaufnahme bereit sein (Abb. C).

[4] Stecken Sie den Sauger in den Mund des Babys. Der Sauger sollte so liegen, dass er den Gaumen berührt. Die Lippen des Babys sollten eher nach außen als nach innen zeigen (Abb. D).

⚡ **EXPERTENTIPP:** *Versuchen Sie, den Sauger erst an der einen, dann an der anderen Lippe anzusetzen. Drücken Sie die Oberlippe des Babys vorsichtig nach oben, wenn Sie den Sauger einführen. Drücken Sie nach unten und außen auf die Unterlippe des Babys, wenn Sie den Sauger im Mund in Position bringen.*

[5] Halten Sie die Flasche aufrecht. Die Spitze sollte vollständig mit Milch (oder Fertigmilch) gefüllt sein. Stützen Sie die Flasche niemals so auf, dass das Baby allein trinken kann. Das kann zu Verletzungen und/oder Funktionsstörungen führen.

⚠ **ACHTUNG:** *In der Spitze des Saugers sollte keine Luft sein. Das kann Blähungen und Unwohlsein verursachen.*

[6] Nehmen Sie die Flasche nach fünf bis zehn Minuten heraus. Ungefähr 60 bis 90 ml sollten getrunken sein (Abb. E).

[7] Lassen Sie das Baby Bäuerchen machen (Abb. F).

[8] Füttern Sie Ihr Baby weiter, bis es ungefähr 100 ml getrunken hat oder satt wirkt (Abb. G).

Bäuerchen machen

Immer wenn das Baby trinkt, schluckt es Luft. Diese Luft kann zu Völle-gefühl, unangenehmen Blähungen oder dem Drang zu spucken führen. Der User kann diese Folgen durch regelmäßiges Aufstoßen des Babys verhindern. Lassen Sie das Baby in den ersten Betriebsmonaten in der Mitte und am Ende des Fütterns Bäuerchen machen. Nach ca. vier Mo-naten sollten Sie das Baby häufiger während des Fütterns aufstoßen lassen, insbesondere wenn es 60 bis 90 ml aus der Flasche getrunken hat oder Sie die Brust wechseln.

EXPERTENTIPP: *Einige Babys haben Schwierigkeiten, den Fütte-rungsvorgang nach einer Unterbrechung fortzusetzen. Treten diese Schwie-rigkeiten bei Ihrem Modell auf, warten Sie mit dem Bäuerchen bis zum Ende des Fütterns.*

Wenden Sie zum Aufstoßen eine der folgenden Methoden an:

An der Schulter (Abb. A)

[**1**] Hängen Sie sich eine Spuckwindel oder ein Handtuch über die Schulter.

[**2**] Halten Sie das Baby mit dem Schulterhalt.

[**3**] Streicheln Sie den Rücken des Babys. Machen Sie kleine kreisförmige Bewegungen in der Nähe seiner Schulterblätter. Gehen Sie zum nächsten Schritt über, wenn das kein Bäuerchen auslöst.

[**4**] Klopfen Sie dem Baby sanft vom Po aufwärts bis zu den Schulter-blättern auf den Rücken.

[**5**] Wiederholen Sie Schritt 3 und 4 fünf Minuten lang. Fahren Sie mit dem Füttervorgang (oder den Säuberungsarbeiten) fort, wenn in dieser Zeit kein Bäuerchen ausgelöst worden ist. Das Baby sollte ordnungsgemäß funktionieren.

Im Sitzen (Abb. B)

[1] Hängen Sie eine Spuckwindel oder ein Handtuch über Ihre Hand und setzen Sie sich auf einen Stuhl.

[2] Setzen Sie das Baby so auf Ihren Schoß, dass es von Ihnen weg sieht. Legen Sie Ihre freie Hand auf den Rücken. Legen Sie die Hand mit der Spuckwindel auf die Brust des Babys und unterstützen Sie Kopf und Rücken mit Ihren Fingern. Beugen Sie das Baby nach vorne.

[3] Streicheln Sie den Rücken des Babys. Machen Sie kleine kreisförmige Bewegungen in der Nähe seiner Schulterblätter. Falls notwendig, klopfen Sie dem Baby sanft vom Po aufwärts bis zu den Schulterblättern auf den Rücken.

[4] Wiederholen Sie Schritt 3 und 4 fünf Minuten lang. Fahren Sie mit dem Füttervorgang (oder den Säuberungsarbeiten) fort, wenn diese Versuche in dieser Zeit kein Bäuerchen ausgelöst haben. Das Baby sollte ordnungsgemäß funktionieren.

Verzicht auf Nachtfütterungen

Mindestens bis zum 9. bis 12. Monat benötigt das Baby eine oder mehrere nächtliche Mahlzeiten. Ab etwa dem ersten Lebensjahr sind sie eher eine Angewohnheit als eine physische Notwendigkeit. Lassen Sie sie allmählich auf folgende Weise ausklingen.

[1] Reduzieren Sie die Nahrungsmenge der verabreichten Gaben. Bei Flaschenfütterung geben Sie ca. 200 ml in der ersten Nacht, ca. 175 ml in der nächsten Nacht und so weiter. Falls Sie stillen, reduzieren Sie die Stillzeit jede Nacht um eine Minute.

[2] Beobachten Sie bei Tag die Essgewohnheiten des Babys. Die meisten Modelle kompensieren die fehlende Nachtmahlzeit durch verstärkte Nahrungsaufnahme in den Wachphasen. Schließlich braucht das Baby keine nächtlichen Mahlzeiten mehr.

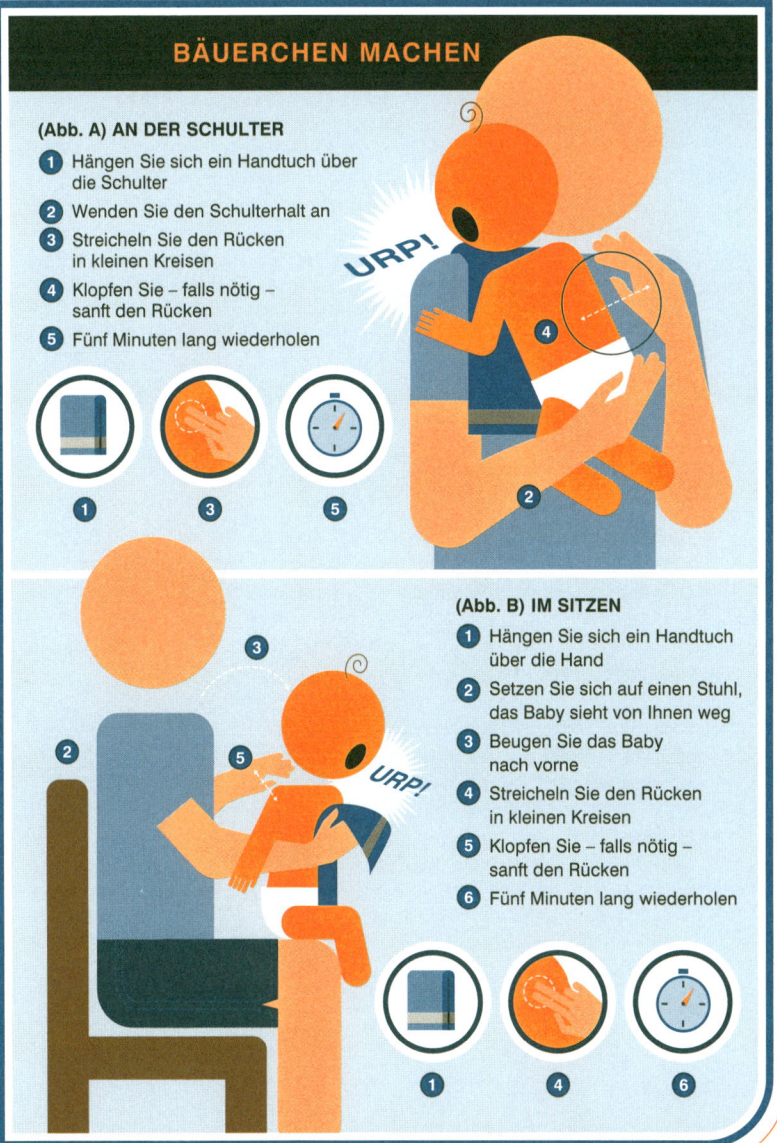

BÄUERCHEN MACHEN

(Abb. A) AN DER SCHULTER

1. Hängen Sie sich ein Handtuch über die Schulter
2. Wenden Sie den Schulterhalt an
3. Streicheln Sie den Rücken in kleinen Kreisen
4. Klopfen Sie – falls nötig – sanft den Rücken
5. Fünf Minuten lang wiederholen

(Abb. B) IM SITZEN

1. Hängen Sie sich ein Handtuch über die Hand
2. Setzen Sie sich auf einen Stuhl, das Baby sieht von Ihnen weg
3. Beugen Sie das Baby nach vorne
4. Streicheln Sie den Rücken in kleinen Kreisen
5. Klopfen Sie – falls nötig – sanft den Rücken
6. Fünf Minuten lang wiederholen

Beifütterung – Umstellen auf feste Kost

Kann das Baby ohne Unterstützung sitzen, kaut es oder beißt es auf Gegenständen herum und hat es sein Liefergewicht verdoppelt, ist es vermutlich für feste Kost bereit. Dies tritt gewöhnlich zwischen dem vierten und sechsten Betriebsmonat ein. Sprechen Sie mit Ihrem Service-Provider, bevor Sie mit der Beifütterung beginnen.

Basisausstattung zur Beifütterung

Für die Umstellung von Muttermilch oder Fertigmilch auf feste Kost benötigen Sie folgende neue Ausstattung:

Kleine Babylöffel: Diese Löffel sind aus bruchfestem Kunststoff. Sie sind klein genug für die Mundöffnung des Babys und weich genug, damit der Gaumen des Babys nicht verletzt wird. Zwei bis drei Löffel sollten reichen.

Breischalen: Speziell für Babys gefertigte Schüsseln aus bruchsicherem Kunststoff für kleine Essensmengen.

Lätzchen: Diese kleinen Stoffstücke werden um den Hals des Babys gebunden und reduzieren die Menge der ausgespuckten oder verschmierten Nahrung an der Kleidung des Babys. Im Babyfachhandel erhältlich.

Hochstuhl: Dieses Zubehör schränkt die Bewegungsfreiheit des Babys beim Essen ein. Zahlreiche Varianten sind im Handel erhältlich. Viele haben als Zusatzfunktion einen Tisch, auf dem das Essen serviert wird. Wählen Sie einen Hochstuhl, der stabil gebaut ist.

⚠ *ACHTUNG: Lassen Sie Ihr Baby niemals unbeaufsichtigt im Hochstuhl sitzen.*

FÜTTERN DER FESTEN KOST

1 Bereiten Sie die Karotten zu

2 Setzen Sie das Baby in einen Hochstuhl

3 Binden Sie ihm ein Lätzchen um

4 Schieben Sie den Löffel in den Mund des Babys

5 Das Baby schiebt die Nahrung eventuell mit der Zunge hinaus

6 Tipp: Tun Sie so, als ob der Löffel ein Flugzeug sei

7 Der Vorgang könnte chaotisch werden

Füttern der festen Kost

Pürierte Frühkarotten aus dem Gläschen, ohne Zusatz von Zucker und Salz, sind als erste feste Kost ideal. Betrachten Sie die ersten Beifütterungen als Fütterübung und zählen Sie nicht die tägliche Gesamtzahl. Beginnen Sie einmal täglich mit fester Kost, am besten mittags, aber fahren Sie mit dem normalen Stillen oder Fläschchenfüttern fort.

[**1**] Bereiten Sie die Karotten vor. Sie können warm oder kalt gefüttert werden.

[**2**] Setzen Sie das Baby auf Ihren Schoß oder in einen Hochstuhl.

[**3**] Binden Sie ihm ein Lätzchen um.

[**4**] Tauchen Sie einen halben Babylöffel in Karottenmus und führen Sie ihn in den Mund des Babys. Es wird ihn eventuell mit der Zunge hinausschieben. Das ist völlig normal, da alle Modelle gewohnt sind, ihre Zunge beim Saugen nach vorne und nach hinten zu bewegen.

[**5**] Bewahren Sie angebrochene Gläschen im Kühlschrank auf und verbrauchen Sie sie innerhalb von zwei Tagen.

[**6**] Achten Sie bei selbst gekochten Karotten auf biologische Herkunft und einen Nitratgehalt von unter 250 mg/kg. Fügen Sie etwas pflanzliches Öl, z. B. Sonnenblumenöl, hinzu.

[**7**] Wiederholen Sie Schritt 4 mit einem weiteren Löffel pürierter Karotten oder mit dem Mus, das aus dem Mund des Babys quillt – so lange, bis die Portion aufgegessen oder das Baby satt ist.

[**8**] Haben Sie Geduld. Das Baby lernt eine komplizierte neue Fertigkeit, die ganz anders funktioniert als Saugen. Sprechen Sie mit dem Service-Provider über den besten Zeitpunkt, pürierte Früchte – frisch oder aus dem Gläschen – und Gerichte mit ganzen Stückchen einzuführen.

Vorbereitung zum Selberessen

Babys werden mit einem vorinstallierten Zangengriff geliefert, der es ihnen automatisch ermöglicht, selbst zu essen. Dieser Griff benötigt jedoch mindestens zwölf Monate zur Entwicklung seiner vollen Funktionsfähigkeit. Üben Sie mit dem Baby essen, um es auf diese Unabhängigkeit vorzubereiten.

[1] Legen Sie einen Spritzschutz unter den Hochstuhl.

[2] Binden Sie ein Lätzchen so um, dass es flach auf der Brust aufliegt.

EXPERTENTIPP: Einige User ziehen das Baby (und evtl. sich selbst) vor dem Füttern aus. Es muss dann allerdings nach dem Essen gewaschen werden.

[3] Beginnen Sie mit drei Nahrungsvarianten. Zu viele Sorten verwirren das Baby. Wählen Sie mundgerechtes Essen – trockene Zerealien, kleine Kräcker und Ähnliches – oder schneiden Sie größere Stücke in kleine Teile. Das Baby kann seine persönlichen Präferenzen entdecken, wenn die Nahrungsmittel unterschiedliche Beschaffenheit und unterschiedlichen Geschmack haben.

[4] Legen Sie das Zubehör bereit. Das Baby wird zunächst nicht mit diesen Werkzeugen arbeiten können, wird aber vom Kennenlernen profitieren.

[5] Erlauben Sie dem Baby, mit dem Essen zu experimentieren. Lassen Sie es selbst versuchen, danach zu greifen und es aufzunehmen. Es wird zunächst nicht realisieren, dass die Stücke dazu gedacht sind, in den Mund gesteckt zu werden, aber die meisten Modelle werden letztlich jedes Objekt probieren, das vor ihnen liegt.

[6] Gehen Sie mit gutem Beispiel voran. Zeigen Sie dem Baby, wie es das Essen aufnehmen kann, indem Sie dies selbst vormachen. Stecken Sie ein Stück in Ihren Mund, kauen Sie es und schlucken Sie es hinunter.

VORBEREITUNG ZUM SELBERESSEN

1. Sorgen Sie für eine Unterlage unter dem Hochstuhl
2. Binden Sie dem Baby ein Lätzchen um
3. Beginnen Sie mit drei Lebensmittelvarianten
4. Legen Sie das Zubehör bereit
5. Erlauben Sie dem Baby zu experimentieren
6. Gehen Sie mit gutem Beispiel voran
7. Loben Sie Fortschritte
8. Der Vorgang könnte chaotisch werden

[**7**] Haben Sie Geduld. Lassen Sie sich nicht von schleppenden Fort-schritten entmutigen. Dies ist ein sehr langsamer Lernprozess.

[**8**] Loben Sie die Leistung des Babys. Klatschen Sie Beifall, wenn das Baby ein Stück Essen aufgenommen oder in seinen Mund gesteckt hat. Es könnte es nochmals versuchen, um Ihre begeisterte Reaktion erneut auszulösen.

⚠ *ACHTUNG: Zwingen Sie das Baby nie zum Essen. Lehnt es Ihr Nah-rungsangebot ab, versuchen Sie es wenige Minuten später nochmals. Zwang beim Essen kann dazu führen, dass das Baby Nahrungsaufnahme als ne-gative Erfahrung abspeichert.*

⚲ *EXPERTENTIPP: Ein unverzichtbares Utensil für jeden neuen User ist ein auslaufsicherer Trinkbecher. Dieses Produkt hat einen Deckel und einen Trinkschnabel, aus dem die Flüssigkeit nur beim Saugen herausläuft, so dass der Inhalt beim Umfallen nicht verschüttet wird. Die meisten Modelle trinken erst mit ca. einem Jahr aus einem Becher ohne Auslaufschutz. Einige Modelle sind damit gar nicht kompatibel. Der Gebrauch von auslaufsicheren Trinkbechern erspart dem User viel Ärger und Aufwischen. Folgen Sie bei der Verwendung den Anweisungen des Herstellers.*

Sechs Nahrungsmittel, die zu vermeiden sind

Auch wenn das Baby mehr und mehr feste Kost zu sich nimmt, sollten Sie auf die folgenden Substanzen verzichten, da sie potentiell gefähr-liche Allergien auslösen können.

Honig: Diese süße Substanz kann zur Entwicklung eines Giftstoffs in den Eingeweiden führen. Geben Sie Ihrem Kind frühestens ab einem Alter von zwei Jahren Honig.

Erdnüsse und/oder Produkte, die Erdnüsse enthalten: Erdnüsse und andere Erdnussprodukte, einschließlich Erdnussbutter und Erdnussöl, kön-nen schwere allergische Reaktionen auslösen. Geben Sie Ihrem Kind diese Produkte frühestens ab dem Alter von drei Jahren.

Zitrusfrüchte oder -säfte: Zitrussäure ist zu aggressiv für das empfindliche Verdauungssystem des Babys. Einige Modelle reagieren allergisch oder mit Magenbeschwerden. Sprechen Sie mit dem Service-Provider über den richtigen Zeitpunkt für die Einführung von Zitrusprodukten.

Koffein: Substanzen, die Koffein oder ähnliche Zusammensetzungen enthalten, so wie Schokolade, Tee, Kaffee oder Limonade, behindern bei Ihrem Baby die Aufnahme von Kalzium.

Hühnereiweiß: Es kann für das Baby schwierig sein, Hühnereiweiß zu verdauen. Vermeiden Sie Hühnereiweiß, bis es Ihr Service-Provider empfiehlt.

Kuhmilch: Jede Form von Kuhmilch kann allergische Reaktionen bei Ihrem Baby hervorrufen. Verzichten Sie so weit wie möglich auf Kuhmilch, bis das Baby mindestens ein Jahr alt ist. Kuhmilch in hypoallergener Babynahrung ist so verarbeitet, dass sie für Babys verträglich ist.

Entwöhnung des Babys

Entwöhnen ist ein Prozess, bei dem sich das Baby langfristig vom Stillen auf Flaschenfütterung oder zum Trinken aus einem Trinkbecher umstellt. Beginnen Sie mit dem Entwöhnungsprozess erst nach dem sechsten Monat; diese werden von Service-Providern als essentielle Stillzeit betrachtet. Sind User oder Baby zur Entwöhnung bereit, leiten Sie folgende Schritte ein.

[1] Führen Sie einen Trinkbecher oder ein Fläschchen mit Mutter- oder Fertigmilch als alternative Nahrungsquelle zu den Stillzeiten ein.

[2] Hat das Baby Schwierigkeiten, sich auf die neue Nahrungsquelle einzustellen, füttern Sie es an einem anderen Ort oder verändern Beleuchtung und Musik. Schaffen Sie eine neue Atmosphäre für die neue Form der Nahrungsaufnahme.

[**3**] Reduzieren Sie langsam die tägliche Anzahl der Stillvorgänge. Lassen Sie alle zwei Wochen eine Stillzeit am Tag aus und ersetzen Sie diese durch eine Flasche oder feste Kost. Sprechen Sie mit Ihrem Service-Provider, um sicherzustellen, dass das Baby in ausreichendem Maße alle Nährstoffe erhält.

[**4**] Stillen Sie vor dem Zubettgehen, wenn Sie nur noch einmal täglich stillen.

[**5**] Verkürzen Sie das Zubettgeh-Stillen jede Nacht um ein paar Minuten.

EXPERTENTIPP: *Möglicherweise versucht das Baby, sich selbst zu entwöhnen. Viele Modelle entdecken selbst den richtigen Zeitpunkt, meist nach ungefähr neun Monaten. Zeigt Ihr Modell schon früher Zeichen der Entwöhnung, sollten Sie sicherstellen, dass es keine anderen Probleme beim Stillen gibt. Statt der Bereitschaft zur Entwöhnung könnten Ablenkung oder Unwohlsein dafür verantwortlich sein. Sprechen Sie mit Ihrem Service-Provider, um gesundheitliche Probleme auszuschließen. Viele Modelle verweigern nach sechs Monaten das Stillen. Oft ist dies jedoch nur ein zeitlich begrenzter Streik, und das Baby wird nach einigen Tagen das Stillen wieder aufnehmen.*

Kapitel 4

Programmierung des Schlafmodus

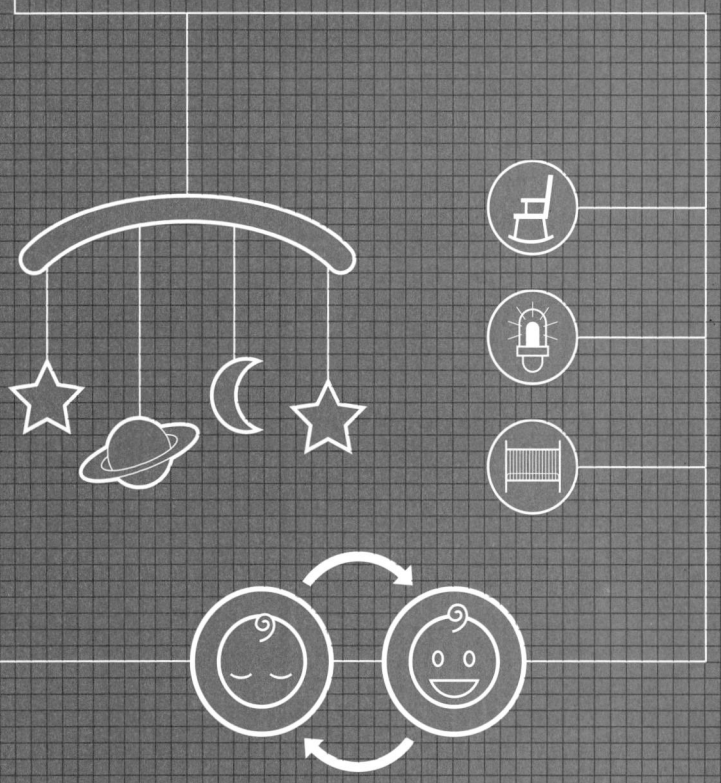

Konfigurieren des Schlafbereichs

Der Schlafbereich ist der wichtigste Teil des Kinderzimmers und bedarf sorgfältigster Konfiguration. Einige User konfigurieren ihr eigenes Schlafzimmer für das Baby.

Wo auch immer das Baby schläft, legen Sie es dabei stets auf den Rücken. Die Gefahr des Plötzlichen Kindstods wird dadurch stark verringert. Nach ungefähr vier Monaten wird Ihr Kind von selbst beginnen, auf der Seite oder auf dem Bauch zu schlafen.

⚠️ *ACHTUNG: Entfernen Sie alle Kissen, schweren Decken und Stofftiere aus dem Schlafbereich, wenn das Baby in den Schlafmodus wechselt. Diese Gegenstände könnten mit der Sauerstoffversorgung des Babys interferieren.*

Stubenwagen (Abb. A)

Ein Stubenwagen ist ein transportables Bett, das für die ersten Monate nach der Lieferung ausgelegt ist. Stubenwagen gibt es im Babyfachhandel oder können aus einer babysicheren Polsterung und einer soliden Kommodenschublade gebaut werden. Viele User finden einen Stubenwagen wegen seiner Beweglichkeit attraktiv. Baby und Stubenwagen können in der Nacht zum bequemen Stillen nur eine Armlänge entfernt vom Elternbett aufgestellt werden.

Der ideale Stubenwagen hat eine harte, gut passende Matratze, die nicht mehr als 2,5 cm Zwischenraum zu den Seitenteilen lässt. Suchen Sie nach einer robusten Konstruktion mit einem stabilen Gestell, das auch einem unbeabsichtigten Stoß standhält.

Gitterbett (Abb. B)

In einem Gitterbett kann ein Baby so lange schlafen, bis es alt genug für ein normal großes Kinderbett ist. Beim idealen Gitterbett beträgt der Abstand der Gitterstäbe maximal 6 cm. Die Querstange sollte nicht höher als 66 cm sein, bei heruntergeklapptem Seitenteil nicht höher als 23 cm (von der Unterseite der Matratze gemessen). Der Zwischenraum zwischen Matratze und Seitenteilen des Gitterbetts sollte nicht breiter als 2,5 cm sein. Prüfen Sie, ob Ihr Gitterbett diesen und neueren Anforderungen entspricht, insbesondere wenn es ein Familienerbstück ist.

Damit das Baby sich nicht versehentlich den Kopf an den Seitenteilen des Betts stößt, können gepolsterte Bettumrandungen angebracht werden. Bei der Installation ist zu beachten, dass die Bänder kurz sind und auf der Außenseite des Betts fest verknotet werden.

⚠ *ACHTUNG: Entfernen Sie alle Bettumrandungen, wenn das Baby mobil wird (in der Regel zwischen dem siebten und neunten Monat). Sie könnten als Stütze benutzt werden, wenn das Baby versucht, aus seinem Gitterbett zu klettern.*

Elternbett (Abb. C)

Viele User nehmen ihr Baby mit in ihr eigenes Bett. Dies ist in Ordnung, wenn Sie eine feste Matratze haben; weiche Matratzen werden als Grund für den Plötzlichen Kindstod vermutet. Nehmen Sie alle Kissen, schweren Bettüberwürfe und großen Decken aus dem Schlafbereich, bevor Sie das Baby in Ihr Bett legen. Legen Sie eine leichte Decke für das Baby bereit. Die sicherste Konfiguration ist zwischen beiden Eltern, die als Schutzgeländer fungieren. Ein Stützkissen ist kein Ersatz für einen zweiten Elternteil. Nehmen Sie alle Stützkissen aus dem Bett.

⚠ *ACHTUNG: Das Baby darf nicht auf einem Kissen einschlafen. Dies könnte mit seiner Sauerstoffversorgung interferieren.*

(Abb. A)
STUBENWAGEN

1. **STUBENWAGEN**
2. Feste Matratze, mit weniger als 2,5 cm Zwischenraum zum Bett
3. Stabiles Gestell, das Stöße aushält

4. **GITTERBETT**
5. Querstäbe entsprechen den Höhenvorgaben
6. Gitterstäbe sind nicht mehr als 6 cm voneinander entfernt
7. Feste Matratze mit weniger als 2,5 cm Zwischenraum zum Bett

8. **BETT**
9. User fungieren als Schutzgeländer
10. Leichte Decke oder Kinderschlafsack
11. Keine Kissen oder schweren Decken in der Nähe des Modells

(Abb. B)
GITTERBETT

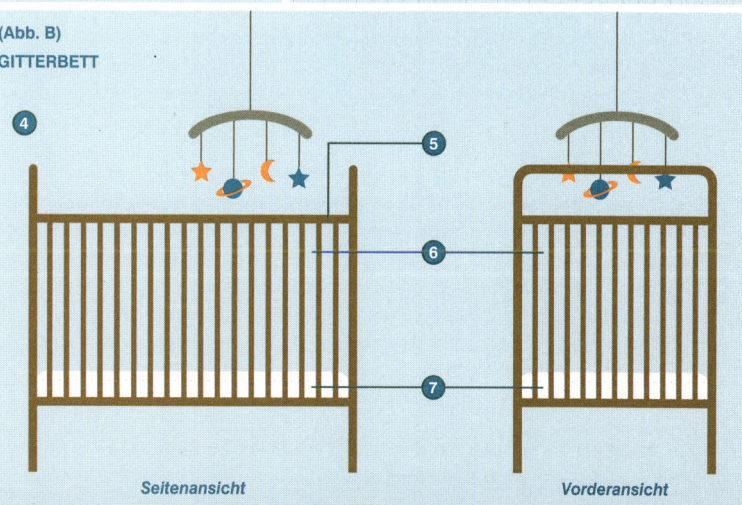

Seitenansicht   *Vorderansicht*

KONFIGURATION DES SCHLAFBEREICHS: Sicherheit hat Vorrang,

(Abb. C)

RICHTIGE SCHLAFPOSITION

egal ob das Baby im Stubenwagen, im Gitterbett oder im Bett des Users schläft.

Verstehen des Schlafmodus

Bei Neugeborenen ist keine innere Uhr integriert, die zwischen Tag und Nacht unterscheidet. Wegen ihres nahezu ständigen Nahrungsbedarfs schlafen die meisten Modelle in Zwei- oder Vierstunden-Intervallen und verhindern damit häufig, dass der User genügend Schlaf bekommt.

Diese Charakteristika sind keine Herstellfehler und können mit richtiger Wartung abgestellt werden. Ein Neugeborenes benötigt – als Faustregel – täglich mindestens 16 Stunden Schlaf, aber der Bedarf variiert stark von Modell zu Modell. Der Schlaf des Babys kann von Hunger, Wachstumsphasen und Störquellen in seiner Umgebung (Fernseher, Gewitter etc.) beeinflusst werden.

Zwischen dem zweiten und sechsten Monat braucht das Baby weniger Schlaf als im ersten Monat. Am Ende des dritten Monats schlafen manche Modelle bis zu sechs Stunden am Stück, manchmal auch in der Nacht. Andere Modelle beginnen erst ab dem ersten Jahr, in der Nacht durchzuschlafen. Die Fähigkeit des Babys, längere Perioden zu schlafen, kann davon beeinflusst werden, wo das Baby schläft und mit welcher Methode Sie es zu Bett bringen. In diesem Lebensabschnitt benötigen alle Modelle eine Gesamtschlafzeit von 14 bis 15 Stunden pro Tag.

Ab dem siebten bis zwölften Monat sollte das Baby nachts über längere Zeiträume hinweg störungsfrei schlafen. Diese Entwicklung setzt sich fort, weil das Baby weniger Mahlzeiten benötigt und die Schlafzyklen länger werden. Wie zwischen dem zweiten und sechsten Monat kann die Dauer eines Schlafzyklus davon beeinflusst werden, wo das Baby schläft und mit welcher Methode Sie es zu Bett bringen. Das Baby benötigt noch immer 13 bis 15 Stunden Schlaf pro Tag.

Schlafzyklen verstehen

In den ersten Betriebsmonaten des Babys folgen seine Schlafzyklen einem eindeutigen Muster. Zunächst fällt es in die REM-Phase (Rapid Eye Movement/Traumphase), dann in die Non-REM-Phase. Nach einigen Monaten kehrt sich die Reihenfolge um und die REM-Phase folgt auf die Non-REM-Phase.

REM-Phase: Wechselt das Baby in den Schlafmodus, beginnt dieser mit einer REM-Phase, einer sehr leichten Schlafphase. Hände, Gesicht und Füße des Babys können dabei zucken. Das Baby kann verschreckt wirken. Das sind alles Indikatoren, dass der Schlafmodus korrekt funktioniert.

Non-REM-Phase: Dieses Schlafmuster besteht aus drei weiteren, unabhängigen Zyklen.
■ Leichter Schlaf: Zu den Indikatoren zählen: keine Zuckungen; der Körper des Babys fühlt sich „leicht" an, wenn Sie die Gliedmaßen anheben.
■ Mitteltiefer Schlaf: Zu den Signalen zählen: tiefe, langsame Atmung und ein „Schweregefühl" des Körpers und der Glieder. Das Baby sollte nahezu völlig entspannt wirken.
■ Tiefer Schlaf: Zu den Signalen zählen: „Schweregefühl" des Körpers und der Gliedmaßen. Das Baby reagiert nicht auf Weckversuche.

Fortgeschrittene Anwendung: Der Schlafzyklus-Test
Haben Sie das Baby in den Schlaf gewiegt und wollen feststellen, ob Sie es hinlegen können, ohne es zu wecken, führen Sie folgende Funktionstests durch.

[1] Nehmen Sie einen Arm des Babys zwischen Daumen und Zeigefinger.

[2] Heben Sie den Arm vorsichtig ca. 5 cm hoch.

[3] Lassen Sie ihn los und der Arm fällt seitlich neben den Körper – das Baby rührt sich also nicht –, ist der Schlafmodus „mitteltief" oder „tief" aktiviert. Das Baby kann ohne Probleme hingelegt werden. Bewegt es sich, sind REM- oder Leichtschlafmodus aktiviert, und die Verlegung könnte es aufwecken.

Verwendung einer Schlaftabelle

Schlaftabellen helfen, die Schlafzeiten des Babys zu verfolgen, zu verändern und neu zu programmieren. Die einfache Tabelle auf der folgenden Seite zeigt ein typisches Schlafmuster innerhalb einer Woche. Es wird empfohlen, Kopien der leeren Tabelle im Anhang zu machen, um die Gewohnheiten Ihres Modells in den ersten Monaten aufzuzeichnen.

[1] Markieren Sie die Startzeit, zu der das Baby in den Schlafmodus gewechselt hat. Es wird dem User empfohlen, diese Zeit ebenfalls zum Schlafen zu nutzen.

[2] Markieren Sie die Endzeit, zu der das Baby den Schlafmodus deaktiviert hat.

[3] Ziehen Sie einen Strich zwischen den beiden Punkten.

Diese Tabellen ermöglichen Ihnen einen wöchentlichen Überblick über den Schlafrhythmus Ihres Babys. Verwenden Sie mehrere Tabellen, um den Verlauf der Schlafgewohnheiten über mehrere Monate hinweg zu beobachten. Schreiben Sie auf, ob Ihr Baby jeden Tag zur selben Zeit (oder ungefähr selben Zeit) seinen Schlafmodus aktiviert. Notieren Sie besondere Umstände, wenn das Baby von seinen gewohnten Schlafzeiten abweicht.

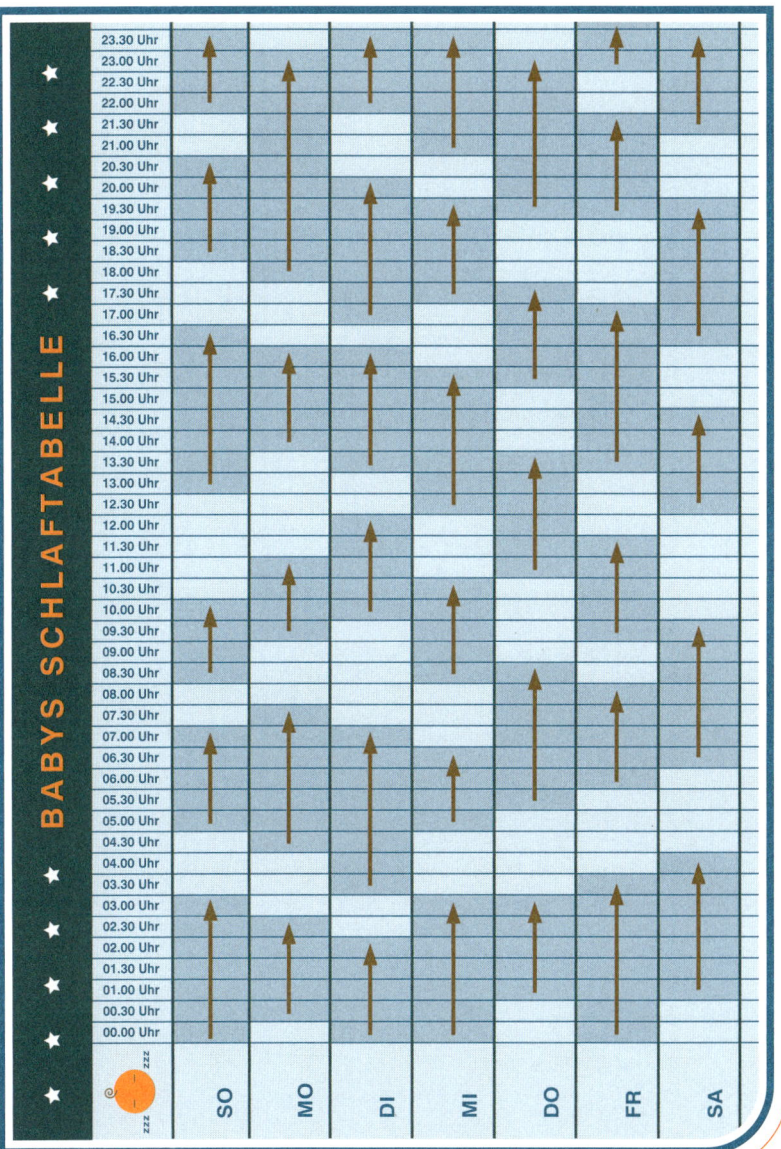

Aktivierung des Schlafmodus

**Jedes Baby wird in der Regel mit vorinstallierten Signalmeldern gelie-
fert, die anzeigen, dass sich das Baby auf den Schlafmodus einstellt.
Dazu zählen Reiben der Augen oder Ziehen an den Ohren. Aktivieren
Sie umgehend den Schlafmodus, wenn Sie diese Signale wahrnehmen.
Bleiben die Signale aus, ist das Baby wahrscheinlich überreizt, der
Schlafmodus verzögert sich auf unbestimmte Zeit.**

Durch User aktivierter Schlafmodus

**Bei dieser Methode wird das Baby während des Tages konstant stimu-
liert, alle nächtlichen Aktivitäten werden eingeschränkt.**

[**1**] Beschäftigen und stimulieren Sie das Baby während des Tages. Tragen
Sie es oft in einer Babytrage. Spielen, singen und tanzen Sie mit dem Baby.

[**2**] Führen Sie feste Bettzeiten ein und halten Sie diese auch ein.

[**3**] Sorgen Sie für Entspannung vor dem Zubettgehen. Füttern, baden,
wiegen Sie das Baby oder lesen Sie ihm vor.

[**4**] Konditionieren Sie das Baby mit einer der folgenden Techniken auf
Schlafen:
■ Füttern Sie es in den Schlaf. Darf das Baby nach dem Essen einschlafen,
erkennt es das Füttern mehr und mehr als Vorläufer zum Schlafen.
■ Lassen Sie das Baby vom nicht stillenden User zu Bett bringen. Die Fä-
higkeit des Babys, Muttermilch zu riechen, könnte dazu führen, dass sich
das Baby eher auf Nahrung als auf Schlaf einstellt.
■ Knuddeln und wiegen Sie das Baby in den Schlaf. Es fühlt sich in Ihren
Armen sicherer als in seinem Gitterbett. Kuscheln Sie, bis das Baby einge-
schlafen ist.

[**5**] Wenden Sie eine der folgenden Techniken an, damit das Baby in der
Nacht durchschläft.

- Gehen Sie beim ersten Anzeichen, dass das Baby aufgewacht ist, an sein Bett. Ihre Anwesenheit könnte Beruhigung genug sein, damit es wieder einschläft.
- Wickeln Sie das Baby ein. Das zusätzliche Sicherheitsgefühl kann ihm helfen, wieder einzuschlafen.
- Legen Sie das Baby in eine Wiege. Die gleichmäßige Bewegung erleichtert das Einschlafen.
- Ändern Sie seine Schlafposition, sie war vielleicht unbequem; eine neue Position kann ihm helfen, in den Schlaf zurückzufallen.
- Halten Sie eine Hand des Babys, bis es eingeschlafen ist, um ihm zusätzliche Wärme und Beruhigung zu vermitteln.
- Füttern Sie das Baby zurück in den Schlaf. Die Milch und der Vorgang des Fütterns entspannen das Baby und bereiten es auf den Schlaf vor.

Programmierung eines Tagschläfers zu einem Nachtschläfer

Da bei Neugeborenen keine innere Uhr integriert ist, die sie zwischen Tag und Nacht unterscheiden lässt, schläft Ihr Modell vielleicht mehr am Tag als in der Nacht. Aber mit Beharrlichkeit und den folgenden Richtlinien kann jedes Modell von einem Tag- zum Nachtschläfer umprogrammiert werden.

[1] Führen Sie eindeutige Tages- und Nachtstimmungen ein. Öffnen Sie am Tag die Vorhänge und Jalousien, schalten Sie die Lichter ein und füllen Sie das Haus mit Aktivitäten wie Musik und Bewegung. In der Nacht schließen Sie die Jalousien, dimmen die Lichter oder schalten die Lampen aus und schaffen eine ruhige Atmosphäre. Das Baby wird lieber am Tag wach sein und seine internen Weckrufe automatisch anpassen.

[2] Müssen Sie in der Nacht wickeln oder die Kleidung wechseln, machen Sie dies schnell und leise. Sprechen Sie so wenig wie möglich mit dem Baby.

[3] Schläft das Baby eine lange Zeit am späten Nachmittag oder am frühen Abend, ändern Sie den Zeitplan manuell. Wecken Sie es für eine Mahlzeit auf. Halten Sie es anschließend wach und sorgen Sie für Unterhaltung. Es wird seine längeren Schlafzeiten von selbst in die Nacht verlegen.

Anwendung des Schlafmodus außerhalb des Kinderzimmers

Liegt das Baby im Kinderwagen oder Auto, richten Sie sich zur Aktivierung des Schlafmodus nach den folgenden Richtlinien.

Kinderwagen

[1] Sorgen Sie für Wärme. Gehen Sie sicher, dass das Baby dem Wetter entsprechend angezogen ist. Decken Sie es bei Kälte mit einer (zusätzlichen) Decke zu.

[2] Verdunkeln Sie seine Umgebung. Klappen Sie, wenn möglich, das Sonnendach auf. Hängen Sie ein Tuch über die Vorderseite des Kinderwagens. Reagiert das Baby mit Weinen, ziehen Sie das Tuch auf einer Seite zurück.

[3] Navigieren Sie den Kinderwagen durch ruhige Gegenden.

[4] Kontrollieren Sie von Zeit zu Zeit, ob das Baby noch im Schlafmodus ist.

[5] Gehen Sie weiter spazieren oder kehren Sie nach Hause zurück. Stellen Sie den Kinderwagen ins Haus und lassen Sie das Baby dort weiterschlafen.

Auto

[1] Schnallen Sie das Baby sicher im Autositz an.

[2] Ziehen Sie die Sonnenblende herunter oder hängen Sie Handtücher an das Seitenfenster, um das Baby vor der Sonne zu schützen. Sonnenblenden sind im Babyfachhandel erhältlich und können mit einem Saugnapf am Fenster befestigt werden.

⚠ *ACHTUNG: Blockieren Sie nicht die Sicht des Fahrers mit Handtüchern oder Sonnenblenden.*

[3] Wählen Sie Ihre Route sorgfältig. Fahren Sie möglichst in die Richtung, bei der die Augen des Babys nicht direktem Sonnenlicht ausgesetzt werden.

[4] Hören Sie ruhige Musik.

[5] Beobachten Sie das Baby. Einige Modelle werden von ruhigen Straßen eingelullt, andere bevorzugen holperigen Untergrund. Wählen Sie Ihre Route entsprechend.

Nächtliches Aufwachen

Das Baby wird aus vielen Gründen mitten in der Nacht aufwachen. Alle Modelle sind für unterschiedliche Probleme mit unterschiedlichen Arten des Weinens vorprogrammiert; der User sollte lernen, das Weinen zu interpretieren.

Hunger, nasse Windeln und eine Änderung im täglichen Ablauf sind normale Gründe für nächtliches Aufwachen. Schließen Sie diese Ursachen als Erstes aus. Haben Sie immer noch Schwierigkeiten zu erkennen, warum das Baby aufgewacht ist, sollten Sie folgende Möglichkeiten in Betracht ziehen.

Wachstumsbedingtes Aufwachen: Die meisten Modelle erfahren im Alter von zehn Tagen, drei Wochen, sechs Wochen, drei und sechs Monaten einen Wachstumsschub (plötzliche Zunahme von Körpergröße und -gewicht). Während dieser Schübe kann Ihr Baby nachts unruhig sein oder ungewöhnlichen Hunger haben. Diese Schübe, die bis zu 72 Stunden dauern können, sind ein wichtiger Teil des Wachstums des Babys – und es gibt nichts, was der User daran ändern könnte. Füttern Sie das Baby und aktivieren Sie den Schlafmodus.

Entwicklungsschub: Nächtliches Aufwachen tritt auch nach Entwicklungsschüben des Babys auf, wenn dieses eine neue Fähigkeit wie Sitzen, Krabbeln oder Gehen gelernt hat. Das Baby wird vielleicht mehrmals in der Nacht aufwachen und will seine neuen Fähigkeiten ausprobieren.

Krankheit: Krankheitssymptome (Fieber, Verstopfung, Husten) interferieren mit dem Schlafzyklus des Babys. Andere körperliche Entwicklungen wie Zahnen können ebenfalls für die Schlafunterbrechung verantwortlich sein. Dies sind kurzfristige Funktionsstörungen, die vom User beeinflusst werden können – sorgen Sie für Trost und gehen Sie damit so gut um, wie Sie können. Sprechen Sie mit Ihrem Service-Provider über die einmalige Verabreichung von Antihistaminen, um das Baby in den Schlafmodus zu versetzen.

Temporäre Tröster

Dies sind Gegenstände, die dem Baby helfen könnten, sich selbst zu beruhigen und den Schlafmodus zu aktivieren. Die als temporäre Tröster bezeichneten Objekte können in Stresszeiten vorübergehend als Ersatzeltern dienen und das Baby beruhigen. Temporäre Tröster sind gewöhnlich Decken oder kleine Stofftiere. Viele User geben diesen Gegenständen Namen.

⚠ *ACHTUNG: Temporäre Tröster sollten erst eingesetzt werden, wenn Ihr Modell die volle Kontrolle über seine Rollfunktion hat. Für junge Babys bergen sie eine Erstickungsgefahr.*

[**1**] Führen Sie während des Tages mehrere temporäre Tröster ein.

[**2**] Legen Sie nachts alle Tröster in das Gitterbett des Babys. Das Baby wird ein oder zwei Gegenstände begehrenswerter finden als die anderen; es wird näher an einem bestimmten Objekt schlafen oder nach ihm greifen, wenn Sie das Baby aus dem Gitterbett heben.

[**3**] Ist der bevorzugte Tröster einmal identifiziert, geben Sie ihn dem Baby bei den Bettvorbereitungen. Es wird beginnen, den Gegenstand mit der Bettzeit in Verbindung zu bringen. Der Gegenstand wird dem Baby signalisieren, dass es Zeit ist, für sich zu sein.

EXPERTENTIPP: Wenn Sie Schnuller zur Beruhigung des Babys verwenden, sollten Sie mehrere (bis zu fünf) im Gitterbett verteilen. Wacht das Baby in der Nacht auf, wird es wahrscheinlich einen Blick auf einen Schnuller werfen, danach greifen und von selbst wieder einschlafen.

[**4**] Halten Sie den Tröster beim Füttern des Babys. Lassen Sie ihn Ihren Geruch absorbieren. Einige User tröpfeln ein wenig Muttermilch darauf.

[**5**] Sobald das Baby eine Verbindung mit dem Trostgegenstand aufgebaut hat, sollten Sie ein bis zwei Ersatzmodelle kaufen.

[**6**] Erlauben Sie dem Baby, den Gegenstand während des Tages mitzutragen. Die Bindung an den Gegenstand wird sich vertiefen und das Sicherheitsgefühl des Babys verstärken.

Umgang mit Überreizung

Verpasst das Baby den Zeitpunkt, an dem es müde genug ist, seinen Schlafmodus zu aktivieren, besteht das Risiko der Überreizung. Ein überreiztes Baby schläft schwer ein. Testen Sie die folgenden Methoden, um den Schlafmodus zu aktivieren.

[1] Vermeiden Sie eine Überreizung bereits im Vorfeld. Ermutigen Sie das Baby, in den Schlafmodus zu wechseln, sobald es Müdigkeitssignale aussendet.

[2] Bieten Sie einem überreizten Baby keine Unterhaltung. Setzen Sie keine Spielzeuge, Rasseln oder andere Stimulierungstechniken ein.

[3] Wiegen Sie das Baby. Decken Sie es mit einer leichten Decke zu und verdunkeln Sie die Umgebung.

[4] Beruhigen Sie das Baby durch Bewegung. Machen Sie einen Spaziergang mit dem Kinderwagen oder legen Sie das Baby für eine Fahrt durch Ihr Wohnviertel in den Autositz. Verbringen Sie gemeinsam 15 Minuten im Schaukelstuhl.

Schlafstörungen

Wacht das Baby regelmäßig mitten in der Nacht auf, ohne dass Sie die Ursache der Unterbrechung feststellen können, leidet es möglicherweise an einer Schlafstörung. Diese Störungen treten jedoch selten auf. Konsultieren Sie Ihren Service-Provider für eine Diagnose und weitere Informationen.

Schlafapnoe: Dieser physiologische Zustand behindert im Schlaf zeitweise die Atemwege des Babys. Das Baby hat ein eingebautes Wecksystem, das es zur normalen Atmung zurückkehren lässt. Zu den Symptomen zählen Schnarchen und lautes Atmen, Husten, erstickte Geräusche, Schwitzen im Schlaf sowie verwirrtes oder verängstigtes Aufwachen. Das Baby könnte auch Anzeichen von Schlafentzug zeigen (siehe unten).

EXPERTENTIPP: Hat das Baby beim Schlafen Atemprobleme, wecken Sie es, indem Sie seine Fußsohle mit einem Finger streicheln. Versuchen Sie niemals, die Atmung durch Schütteln anzuregen.

Schlafentzug: Wacht das Baby mehrmals in der Nacht auf, könnte es unter Schlafentzug leiden. Zu den Symptomen zählen allgemeine Unleidigkeit und Reizbarkeit und ungewöhnlich lange Schlafphasen im Kinderwagen oder Auto während des Tages. Halten Sie einen regelmäßigeren Schlafrhythmus ein, wenn Sie glauben, dass das Baby unter Schlafmangel leidet. Sollte dies nicht zum Erfolg führen, konsultieren Sie Ihren Service-Provider.

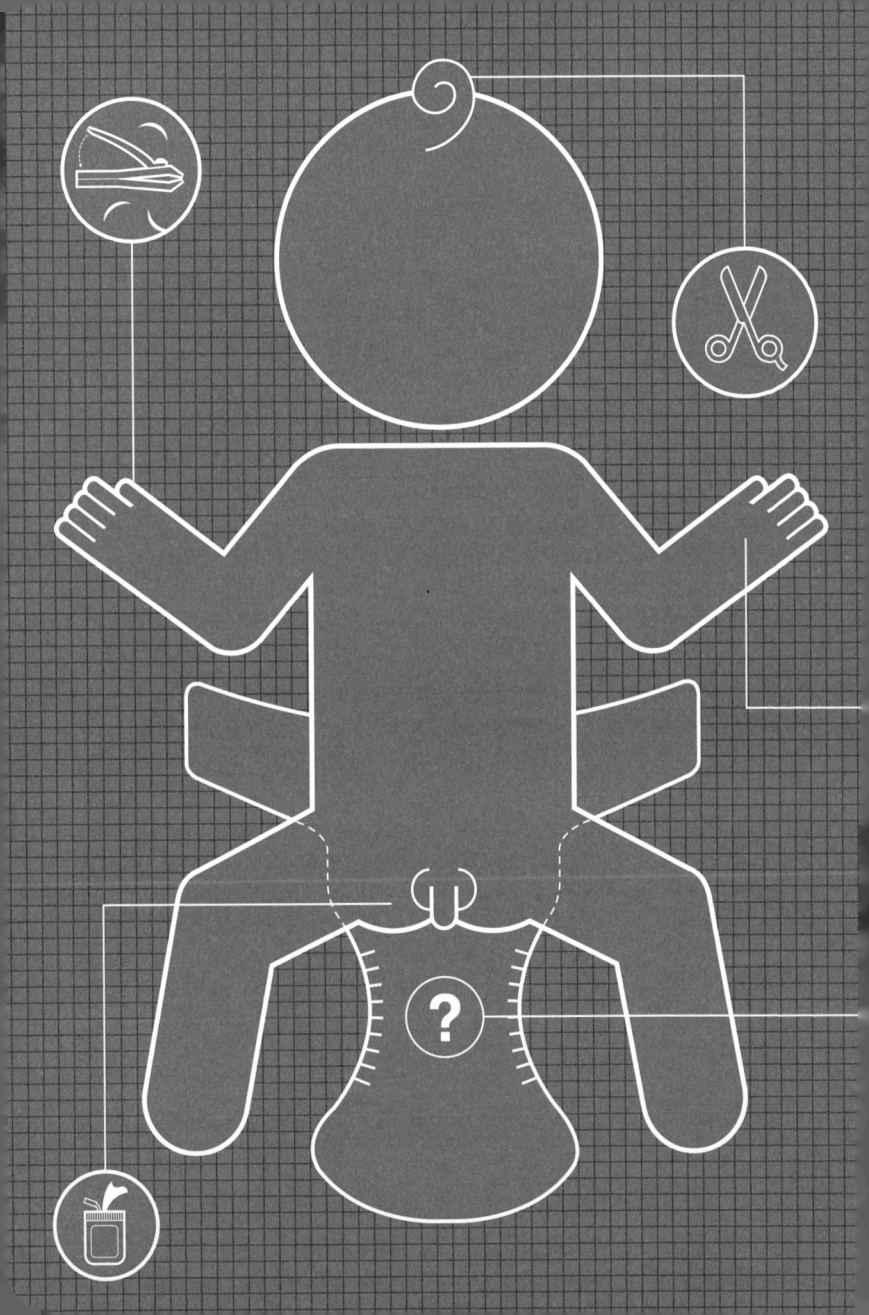

Kapitel 5

Instandhaltung

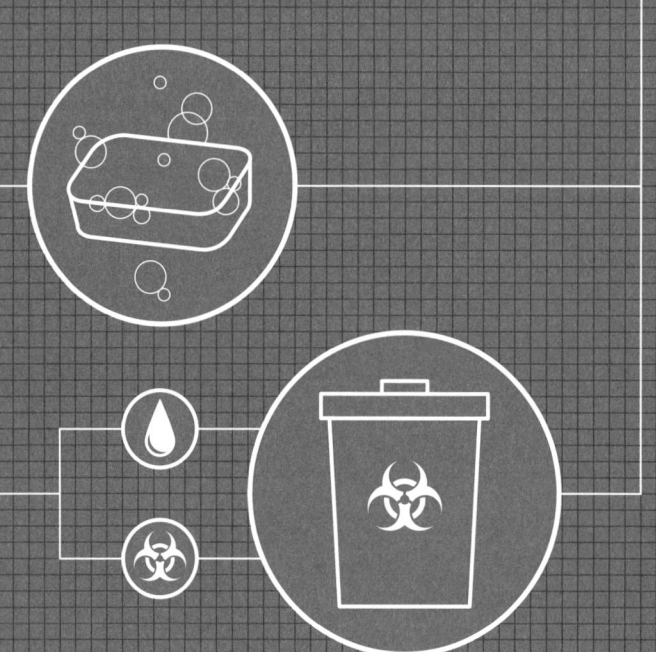

Windeln installieren

Im ersten Betriebsjahr des Babys müssen Sie mehrmals täglich eine Re-Installation der Windeln vornehmen. Auch wenn viele User diesen Vorgang nicht besonders erquicklich finden, wird das Lästige durch das Nützliche bei weitem aufgewogen. Häufiges Wickeln ist die wirksamste Methode, einen Windelausschlag zu vermeiden, der die Haut des Babys reizen und verletzen kann.

Aufstellen und Konfigurieren der Wechselstation

Es ist wichtig, alles notwendige Zubehör zur Hand zu haben, bevor Sie eine Windel installieren. Erfahrene User bewahren diese an einem zentralen Platz im Haushalt auf, der auch Wickelkommode genannt wird.

Wickeltisch: Die Oberfläche des Wickeltischs sollte ein paar Zentimeter höher sein als Ihre Hüfte. Einige User kaufen eine Wickelkommode, andere legen eine Wickelauflage auf ein niedriges Schränkchen, ein niedriges Regal oder einen normalen Tisch – jede Verfahrensweise ist in Ordnung. Benützen Sie jedoch eine Wechselstation, die über Stauraum für das unten aufgelistete Zubehör verfügt.

Windeln: Bedenken Sie, dass Sie im ersten Betriebsmonat des Babys mindestens 300 Windeln wechseln – planen Sie Ihren Wickeltisch dementsprechend. Eine gut sortierte Wickelkommode hält mindestens zwölf Windeln bereit.

Windeleimer: Stellen Sie einen mittelgroßen Abfalleimer (mit gut schließendem Deckel) in Reichweite der Wickelkommode. Volle Windeln werden dort hineingeworfen, bis sie gewaschen oder entsorgt werden. Der Behälter sollte mit einem Plastikbeutel ausgelegt und zur Geruchsreduzierung häufig geleert werden.

EXPERTENTIPP: Waschen Sie Stoffwindeln nicht zusammen mit Kleidung. Weichen Sie die Windeln in der Waschmaschine in einem Heißwasser-Durchlauf ein und lassen Sie den Spüldurchgang zweimal laufen. Verwenden Sie keine Waschmittel mit scharfen Chemikalien, sondern babygerechte Seife. Geben Sie keine Trocknertücher in den Wäschetrockner, da sie ebenfalls Chemikalien enthalten können.

Waschzubehör: Eine kleine Schüssel mit warmem Wasser und/oder ein Waschlappen und Wattebällchen sollten ausreichen. Feuchttücher sind bei vielen Usern beliebt, sollten aber im ersten Betriebsmonat nicht verwendet werden, sofern sie Alkohol enthalten, der die Haut des Babys dehydriert. Vermeiden Sie alkoholhaltige Babywischtücher auch, wenn das Baby Windeldermatitis hat.

Cremes, Lotionen, Salben und Wundcreme: Diese Produkte behandeln, beruhigen und pflegen die Haut des Babys. Kaufen Sie nach Bedarf und halten Sie sie in der Nähe der Wickelkommode bereit. Babypuder wird von den meisten Service-Providern heute nicht mehr empfohlen, weil der Puder, wenn er feucht wird, Krümel bildet. Zudem kann die Inhalation größerer Mengen zu Atemproblemen führen.

Ersatzkleidung: Babys sind unberechenbar und entsorgen ihren Output gerne ohne Vorwarnsignale beim Wickeln oder Umziehen. Dieser Output kann sich in Form eines Strahls ergießen oder in Form eines explodierenden Geschosses austreten. Treffen Sie Vorsichtsmaßnahmen – legen Sie eine Extragarnitur in Reichweite.

Mobile oder Spielzeug: Diese einfachen Requisiten können während der Windelreinstallation der Unterhaltung des Babys dienen.

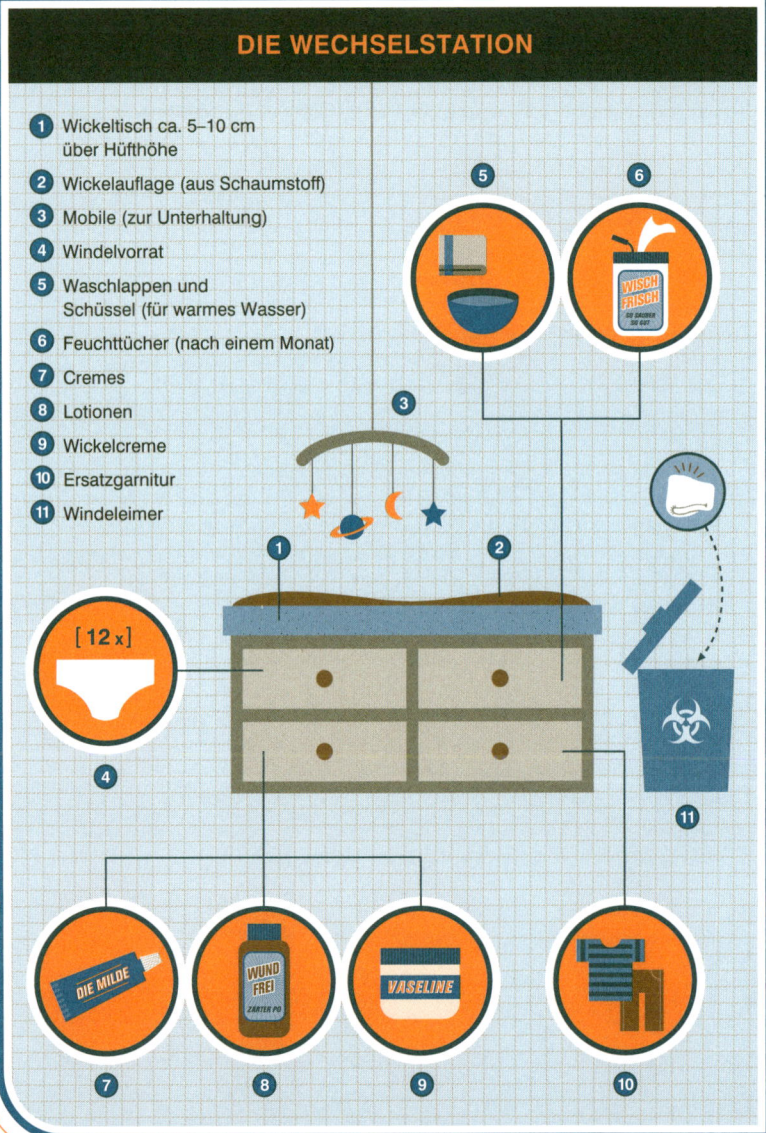

DIE WECHSELSTATION

1. Wickeltisch ca. 5–10 cm über Hüfthöhe
2. Wickelauflage (aus Schaumstoff)
3. Mobile (zur Unterhaltung)
4. Windelvorrat
5. Waschlappen und Schüssel (für warmes Wasser)
6. Feuchttücher (nach einem Monat)
7. Cremes
8. Lotionen
9. Wickelcreme
10. Ersatzgarnitur
11. Windeleimer

[12 x]

WISCH FRISCH
SO SAUBER SO GUT

DIE MILDE

WUND FREI
ZARTER PO

VASELINE

Wickeltasche: Die Wickeltasche sollte Sie und das Baby stets begleiten, wann immer Sie Ihre Wohnung verlassen. Sie sollte ein Handtuch oder eine mobile Wickelauflage enthalten, Windeln, Windelhosen (wenn Sie Stoffwindeln verwenden), Wattebällchen, Waschlappen oder Feuchttücher, eine Thermosflasche mit warmem Wasser, Wickelcreme, eine Extragarnitur Kleidung und ein oder zwei kleine Spielzeuge. Füllen Sie den Inhalt regelmäßig nach.

Föhn (optional): Ein Föhn auf lauwarmer Stufe kann zum schnelleren Trocknen des Babypos verwendet werden.

Stoffwindeln versus Einmalwindeln

Babybesitzer können zwischen Stoffwindeln (die gewaschen und wiederverwendet werden) und Wegwerfwindeln (die einmal benutzt und dann entsorgt werden) wählen. Die Entscheidung hat wenig oder gar keine Auswirkung auf den Betrieb und die Leistung Ihres Modells. Treffen Sie die Entscheidung auf der Basis Ihrer eigenen Bedürfnisse und Lebensumstände und wägen Sie die folgenden Vorteile ab:

STOFFWINDELN
- Fühlen sich sanfter auf der Haut des Babys an
- Sind kostengünstiger als Wegwerfwindeln
- Vergrößern die Müllberge nicht

EXPERTENTIPP: Entscheiden Sie sich für Stoffwindeln, können Sie diese in vielen Städten über einen Windelservice waschen lassen.

EINMALWINDELN
- Absorbieren größere Mengen des Baby-Outputs
- Können schneller installiert werden als Stoffwindeln
- Verbrauchen weder Wasser noch Waschmittel
- Bequem zum Mitnehmen

Installieren der Windel

Ist das Baby unleidig oder beginnt aus unersichtlichen Gründen zu weinen, muss wahrscheinlich eine neue Windel installiert werden. Mit etwas Übung wird der User den Status der Windel bald durch bloßes Berühren und Fühlen des Gewichts bestimmen. Alternativ kann zur Nässeüberprüfung vorsichtig ein Finger in die Windel eingeführt werden. Vergewissern Sie sich, dass alle notwendigen Hilfsmittel bereitstehen, bevor Sie die volle Windel entfernen.

⚠ *ACHTUNG: Lassen Sie das Baby niemals unbeaufsichtigt auf dem Wickeltisch!*

[1] Legen Sie das Baby auf den Wickeltisch und öffnen Sie die Windelverschlüsse.

[2] Lösen Sie die Vorderseite der Windel und begutachten Sie ihren Inhalt (Abb. A). Ist die Windel nur nass, gehen Sie direkt zu Schritt 6 über.

[3] Heben Sie die Beine des Babys an, damit sie sauber bleiben. Nehmen Sie beide Beine mit einer Hand und heben Sie diese sanft etwas über Bauchhöhe an.

[4] Nehmen Sie eine saubere Kante der vollen Windel und wischen Sie die Fäkalien von der Haut des Babys ab (Abb. B). Bei männlichen Ausführungen wischen Sie von hinten nach vorne, bei weiblichen von vorne nach hinten. (Dies reduziert das Risiko vaginaler Infektionen.)

💡 *EXPERTENTIPP: Bei der Reinstallation einer Windel besteht das Risiko, von austretenden Flüssigkeiten angespritzt zu werden. Ein Waschlappen über Penis oder Vagina des Babys minimiert dieses Risiko.*

[5] Entfernen Sie die volle Windel (Abb. C).

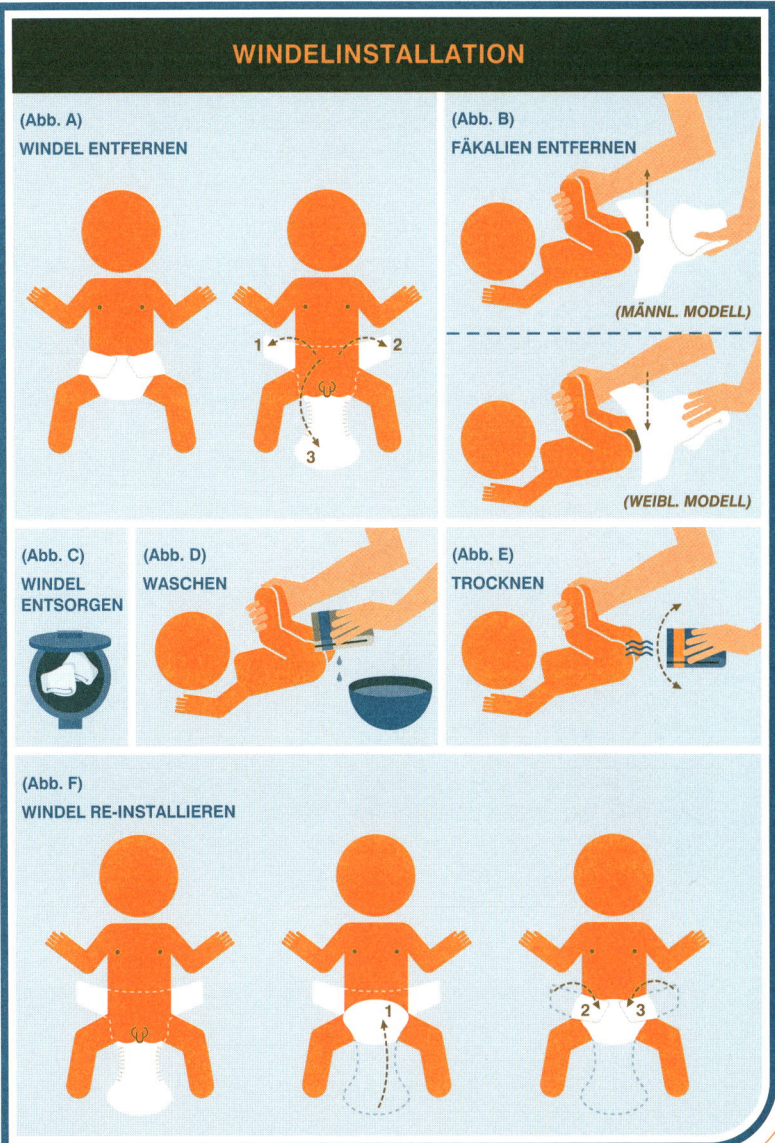

WINDELINSTALLATION

(Abb. A)
WINDEL ENTFERNEN

(Abb. B)
FÄKALIEN ENTFERNEN

(MÄNNL. MODELL)

(WEIBL. MODELL)

(Abb. C)
WINDEL ENTSORGEN

(Abb. D)
WASCHEN

(Abb. E)
TROCKNEN

(Abb. F)
WINDEL RE-INSTALLIEREN

[6] Waschen Sie den verschmutzten Bereich mit einem in warmes Wasser getauchten Wattebällchen oder einem Waschlappen. Waschen und drücken Sie diese bei jedem Arbeitsgang aus (Abb. D).

[7] Trocknen Sie den Windelbereich durch Fächeln oder durch Tupfen mit einem Baumwolltuch (Abb. E). Ein Föhn auf lauwarmer Stufe kann diesen Prozess beschleunigen, manche Modelle erschrecken jedoch vor dem Geräusch.

[8] Zur Installation einer Wegwerfwindel öffnen Sie die Windel vollständig und legen sie unter das Baby. Die Verschlüsse sind auf der Unterseite. Legen Sie das Baby in die Mitte der Windel. Ziehen Sie die Vorderseite mit der bedruckten Kante über den Genitalbereich und befestigen Sie beide Klettverschlüsse (Abb. F). Fahren Sie mit Schritt 10 fort.

[9] Zur Installation einer Stoffwindel falten Sie diese zu einem Dreieck. Legen Sie das Baby in die Mitte. Schlagen Sie das untere Ende nach oben. Falten Sie eine Seite darüber und halten Sie diese fest, während Sie auch die zweite Seite darüberschlagen. Befestigen Sie die Windel mit einem Windelverschluss und/oder ziehen Sie eine Windelhose darüber.

[10] Die Windel sollte gut – aber nicht zu fest – an der Taille des Babys sitzen. Stellen Sie sicher, dass Sie ein oder zwei Finger zwischen Windel und Bauch stecken können.

⚠ *ACHTUNG: Ist der Nabelschnurrest des Babys noch nicht vollständig abgefallen, falten Sie die Windel vor dem Befestigen an der Vorderseite zwei bis drei Zentimeter nach unten. Die Windel darf nicht über dem Nabelschnurrest liegen.*

ABWEICHUNGEN JE NACH MODELL

MÄNNLICH
- Der Penis muss beim Schließen der Windel nach unten zeigen.
- Bei nicht beschnittenen Babys darf die Vorhaut beim Waschen nicht zurückgezogen werden. Bei beschnittenen Babys sollte Wundcreme auf alle Bereiche der Windel verteilt werden, die mit dem Penis in Kontakt kommen können.

WEIBLICH
- Niemals die Schamlippen zum Reinigen auseinanderziehen.
- Kontrollieren Sie die Schamlippen auf Rückstände.

Behandlung von Windeldermatitis

Diese Entzündung kann an jeder Stelle der Babyhaut, die mit einer Windel in Berührung kommt, auftreten – meistens an Po, Genitalien, Unterbauch und Oberschenkeln. Die häufigste Variante, die sich durch Rötung und/oder kleine Pickel äußert, ist ein wunder Po. Er entsteht gewöhnlich dann, wenn das Baby lange Zeit in einer nassen Windel gelegen ist (Feuchtigkeit macht die Haut anfälliger für Wundreiben).

Die beste Behandlung gegen wunden Po ist Prävention. Wechseln Sie nasse Windeln häufig und volle Windeln sofort – insbesondere in der Wachphase. Minimieren Sie den Kontakt des Babys zu seinem

Output. Mit der unten beschriebenen Methode sollte das Wundsein innerhalb von drei bis fünf Tagen abklingen. Sollte die Windeldermatitis anhalten, sprechen Sie mit Ihrem Service-Provider.

[1] Reinigen Sie Genitalien und Po Ihres Modells mit einem nassen, warmen Waschlappen, bevor Sie eine neue Windel installieren. In einigen Wischtüchern sind alkoholhaltige Lotionen enthalten. Sie können das Wundsein verschlimmern.

[2] Reinigen Sie mit sanften, tupfenden Bewegungen. Übermäßiges Reiben verstärkt das Wundsein.

[3] Lassen Sie den Po des Babys an der Luft trocknen oder beschleunigen Sie den Prozess mit einem lauwarm eingestellten Föhn. Reiben Sie den Po nicht trocken. Installieren Sie keine frische Windel, solange das Baby noch feucht ist.

[4] Bei anhaltendem Wundsein cremen Sie den betroffenen Bereich mit einer milden zinkhaltigen Salbe ein. Tragen Sie darauf eine schützende Cremeschicht auf. Sie hält die Feuchtigkeit ab und verhindert das Abreiben der Salbe auf die Windel.

[5] Bilden sich Blasen im entzündeten Bereich, könnte das Baby an einer bakteriellen Entzündung erkrankt sein. Kontaktieren Sie Ihren Service-Provider.

[6] Ist der entzündete Bereich von roten Punkten umgeben, könnte das Baby eine Hefepilzinfektion (Soor) haben. Kontaktieren Sie Ihren Service-Provider.

Beobachtung
der Verdauungsfunktionen

Reges Interesse an der Verdauungsfunktion des Babys ist bei Usern nicht ungewöhnlich. Bei Durchfall oder Verstopfung liefert eine Beobachtungstabelle wertvolle Informationen für den Service-Provider.

Blasenfunktion

Babys variieren von Modell zu Modell, aber fast bei allen entleert sich die Blase fünfzehnmal täglich. Nässt das Baby weniger als vier Windeln am Tag ein, ist es entweder krank oder dehydriert. Kontaktieren Sie Ihren Service-Provider.

EXPERTENTIPP: Viele Einmalwindeln sind so saugfähig, dass es schwierig ist zu beurteilen, wann sie durchnässt sind. Ein kleiner Streifen Baumwollgaze in der Windel kann bei der Feststellung, ob die Windel wirklich durchnässt ist, hilfreich sein.

Darmfunktion

Die drei Hauptcharakteristika der Darmfunktion eines Babys sind Häufigkeit, Farbe und Konsistenz.

Häufigkeit: Das Baby kann bis zu achtmal täglich Stuhlgang haben oder nur einmal in drei Tagen. Gestillte Babys scheiden in der Regel mehr Stuhl aus als flaschengefütterte, weil Muttermilch einen abführenden Effekt hat.

Babys Blasenfunktion

Name des Modells

TAG	DATUM	ANZAHL DER ENTLEERUNGEN
SO	21. Dez.	ⱢⱮ II
MO	22. Dez.	ⱢⱮ II
DI	23. Dez.	ⱢⱮ IIII
MI	24. Dez.	ⱢⱮ III
DO	25. Dez.	ⱢⱮ IIII
FR	26. Dez.	ⱢⱮ III
SA	27. Dez.	ⱢⱮ II

Babys Darmfunktion

Name des Modells

DATUM	ZEIT	FARBE	KONSISTENZ	ENTLEERUNG	
21. Dez.	10.15	gelb	körnig-dünn	⊗ leicht	○ pressen
21. Dez.	13.30	grün	körnig	⊗ leicht	○ pressen
21. Dez.	15.00	braun	hart	○ leicht	⊗ pressen
21. Dez.	18.00	gelb	körnig	⊗ leicht	○ pressen
21. Dez.	20.00	braun	hart	○ leicht	⊗ pressen
22. Dez.	11.00	gelb	körnig	⊗ leicht	○ pressen
23. Dez.	14.00	grün	hart	○ leicht	⊗ pressen
				○ leicht	○ pressen
				○ leicht	○ pressen
				○ leicht	○ pressen
				○ leicht	○ pressen
				○ leicht	○ pressen
				○ leicht	○ pressen
				○ leicht	○ pressen

Farbe: In der ersten Lebenswoche wird das Baby Kindspech ausscheiden (verdautes Fruchtwasser). Diese grünschwarze Substanz ist in den Gedärmen des Babys vorinstalliert und muss ausgeschieden werden, bevor die normale Verdauung beginnen kann. Nach der ersten Woche wird der Stuhl des Babys grünlicher und schließlich senfgelb (bei gestillten Babys) oder bräunlich (bei Flaschenbabys). Beginnt das Baby, feste Nahrung zu sich zu nehmen, wird die Farbe des Stuhls je nach Mahlzeit variieren.

Konsistenz: Kindspech ist tendenziell dick und teerartig. Ein gestilltes Baby hat eine leicht wässrige Verdauung, die mit samenförmigen Stückchen durchsetzt ist. Ein mit Fertignahrung gefüttertes Baby hat einen etwas festeren Stuhl mit einer butterartigen Konsistenz.

Reinigung des Babys

Um gute Leistung zu garantieren, sollte jedes Modell, je nach Gebrauch, alle zwei bis drei Tage gereinigt werden. Sind die Nabelschnurreste des Babys noch nicht abgefallen, wird empfohlen, es mit einem Schwamm zu waschen. Ist der Rest dann abgefallen, können Sie zum Waschen in einer Babywanne übergehen. Ist das Baby groß genug, sind Bäder in der Badewanne gerechtfertigt.

Vergewissern Sie sich vor dem Waschen des Babys, dass folgende Gegenstände griffbereit liegen (Abb. A).

- trockene Handtücher
- frische Kleidung
- neue Windel
- Waschlappen oder Schwamm
- kleine Becher oder Schüsseln

- Kamm/Babybürste (optional)
- Shampoo

⚠ **EXPERTENTIPP:** *Zur Steigerung des Wohlbefindens des Babys wird empfohlen, die Zimmertemperatur während der Badezeit vorübergehend auf 23 ° C zu erhöhen.*

Waschen mit dem Schwamm (Abb. B)

[1] Stellen Sie zwei Schüsseln mit lauwarmem Wasser bereit – eine mit Seife, eine ohne Seife. Verwenden Sie ein spezielles Reinigungsmittel für Babys.

[2] Legen Sie das Baby auf einem Handtuch auf einer flachen Unterlage ab oder setzen Sie es auf Ihren Schoß.

[3] Ziehen Sie die Kleidung aus. Entfernen Sie die gesamte Kleidung, wenn es Ihr Modell zulässt, aber wickeln Sie seine untere Hälfte in ein trockenes Handtuch. Andernfalls entkleiden Sie die Körperbereiche abwechselnd.

[4] Tauchen Sie einen Schwamm in die Seifenlauge und waschen Sie das Baby damit ab. Reinigen Sie einen Abschnitt nach dem anderen.

[5] Tauchen Sie einen Waschlappen in das seifenfreie Wasser. Spülen Sie das Baby mit kurzen, sanften Strichen ab.

[6] Waschen Sie das Gesicht des Babys. Tauchen Sie einen Waschlappen in das seifenfreie Wasser und tupfen Sie sein Gesicht damit ab. Arbeiten Sie mit kurzen, sanften Strichen von der Mitte aus.

(Abb. A)
ZUBEHÖR:

1 trockene Handtücher
2 frische Kleidung
3 neue Windeln
4 Waschlappen oder Schwamm
5 kleine Becher oder Schüsseln
6 Kamm/Babybürste (optional)
7 Shampoo

(Abb. B)
WASCHEN MIT DEM SCHWAMM

Lauwarmes Wasser

Lauwarme Seifenlauge

23°C

(Abb. C)
WASCHEN IN DER BABYWANNE

Lauwarmes Wasser

Babykopf halten

Warmer nasser Waschlappen

29 35°C

5–7 cm

SCHWAMM ODER WANNE: Für optimale Ergebnisse alle 2–3 Tage.

ACHTUNG:

- Waschen Sie nie die Nabelschnurreste.
- Waschen Sie einen beschnittenen Penis erst dann, wenn er verheilt ist.
- Waschen Sie nicht das Innere der Scheide.

[7] Waschen Sie die Haare des Babys.

[8] Wickeln Sie das saubere Baby in ein Handtuch und tupfen Sie es trocken.

[9] Ist der Nabelschnurrest noch nicht abgefallen, sollten Sie diesen Bereich noch nicht waschen bzw. feucht machen. Sie können ihn vorsichtig rundum mit Alkohol abtupfen. Das mindert das Risiko einer Infektion.

[10] Re-Installieren Sie eine Windel und ziehen Sie das Baby an.

Waschen in der Babywanne (Abb. C)

[1] Verwenden Sie eine kleine Wanne, einen Badeeimer, eine Babybadewanne oder einen Waschzuber und legen Sie diese mit einer Polsterung oder einem Handtuch aus.

⚠ *ACHTUNG: Lassen Sie das Baby niemals unbeaufsichtigt in einer Babywanne! Ein Baby kann bereits in 2,5 – 5 cm hohem Wasser ertrinken.*

[2] Füllen Sie die Babybadewanne 5 – 7 cm hoch mit warmem Wasser. Prüfen Sie die Temperatur mit einem Thermometer – sie sollte zwischen 29 – 35° C betragen. Haben Sie kein Thermometer, tauchen Sie Ihren Ellbogen ins Wasser und prüfen es auf eine angenehme Temperatur. Ist das Wasser für Sie zu heiß, ist es auch für das Baby zu heiß. Verändern Sie gegebenenfalls die Temperatur und prüfen Sie diese erneut.

[3] Ziehen Sie das Baby aus.

[**4**] Legen Sie das Baby in das Bad. Halten Sie Kopf, Nacken und Schultern mit Ihren Händen über Wasser.

EXPERTENTIPP: *Feuchten Sie einen zusätzlichen Waschlappen an und legen Sie ihn auf die Brust des Babys. Gießen Sie während des Badens immer wieder Wasser darauf. Das hält das Baby warm, während Sie andere Körperteile reinigen.*

[**5**] Geben Sie Babyseife auf einen Waschlappen und reinigen Sie damit das Kind. Halten Sie dabei weiterhin Kopf, Nacken und Schultern mit einer Hand, während Sie mit der anderen Hand waschen.

[**6**] Waschen Sie die Haare des Babys.

[**7**] Spülen Sie das Baby ab. Nehmen Sie zum Abspülen der Seifenrückstände einen kleinen Becher, mit lauwarmem Wasser aus dem Wasserhahn gefüllt.

ACHTUNG: *Treten Störungen bei Ihrem Warmwasserbereiter (oder Ihrer Mischbatterie) auf, kann das Wasser aus dem Wasserhahn kochend heiß sein. Setzen Sie das Baby niemals in die Babywanne, bevor Sie das Wasser einlaufen lassen. Testen Sie immer die Wassertemperatur, bevor Sie es hineinsetzen.*

Baden in der Badewanne

Um den sechsten Betriebsmonat sind die meisten Modelle ihrer Babywanne entwachsen und bereit für eine normal große Badewanne. Die erhöhte Mobilität des Babys erfordert einige kleine Anpassungen der Routine. In dieser Zeit sollte der User das Baby weiterhin zwei- bis dreimal die Woche waschen.

⚠ **ACHTUNG:** *Lassen Sie das Baby niemals unbeaufsichtigt in einer Badewanne! Ein Baby kann bereits bei 2,5 – 5 cm Wasserhöhe ertrinken.*

[1] Befestigen Sie eine Gummibademaatte in der Wanne, um ein Ausrutschen zu verhindern (Abb. A).

[2] Polstern Sie Armaturen und Griffe ab. Nehmen Sie dazu kleine Handtücher oder anwendungsspezifische Abdeckungen aus dem Fachhandel. Diese Abdeckungen hindern das Baby daran, den Wasserhahn aufzudrehen oder sich versehentlich den Kopf anzustoßen (Abb. B).

[3] Lassen Sie warmes Wasser in die Badewanne laufen.

[4] Überprüfen Sie den Wasserstand. Ob Sie mit dem Baby in die Wanne gehen oder neben der Badewanne knien – der Wasserstand muss unterhalb der Taille des Babys sein, bei ungefähr 5 – 7 cm (Abb. B).

[5] Stellen Sie erst das heiße Wasser ab. Vergewissern Sie sich, dass der Wasserhahn fest geschlossen ist. Verbrühungen durch tropfende oder undichte Wasserhähne werden so vermieden.

[6] Prüfen Sie die Wassertemperatur. Die Wassertemperatur sollte zwischen 29 – 35° C liegen. Messen Sie diese mit einem Thermometer und tauchen Sie Ihren Ellbogen in das Wasser, um zu prüfen, ob die Temperatur angenehm ist.

⚠ **EXPERTENTIPP:** *Vergewissern Sie sich, dass der Thermostat am Warmwasserbereiter nicht höher als 44° C eingestellt ist. Sie beugen damit versehentlichem Verbrühen vor.*

[7] Regulieren Sie die Temperatur gegebenenfalls erneut.

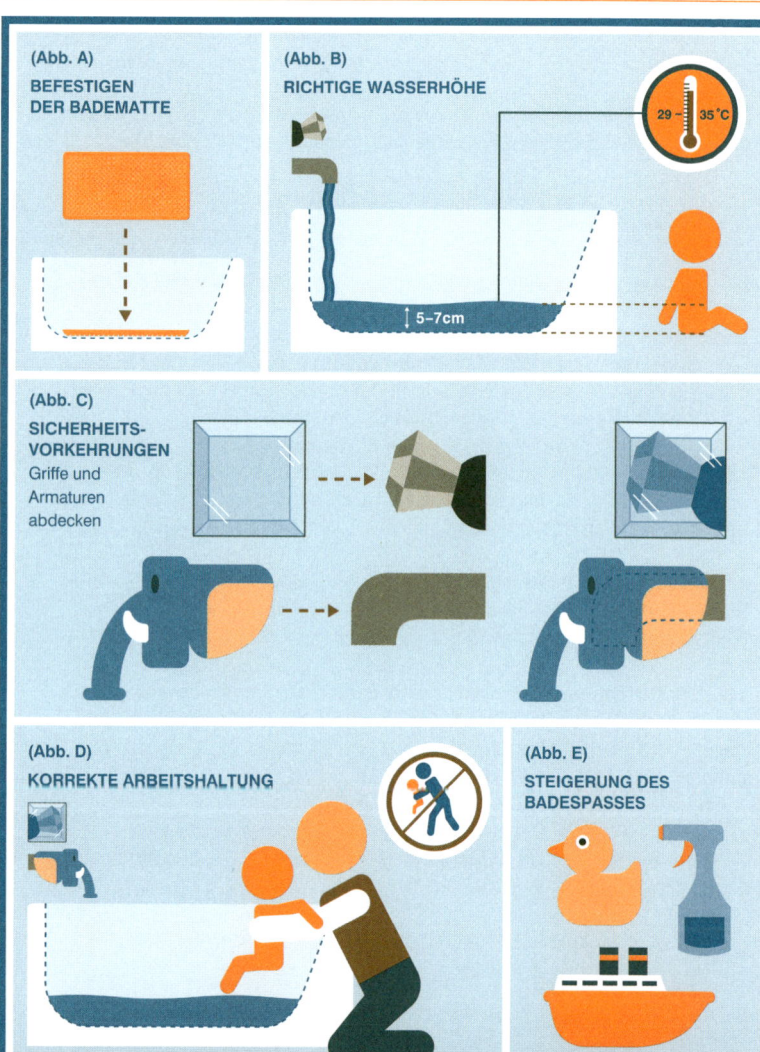

(Abb. A)

BEFESTIGEN DER BADEMATTE

(Abb. B)

RICHTIGE WASSERHÖHE

29 – 35°C

5–7cm

(Abb. C)

SICHERHEITS-VORKEHRUNGEN

Griffe und Armaturen abdecken

(Abb. D)

KORREKTE ARBEITSHALTUNG

(Abb. E)

STEIGERUNG DES BADESPASSES

BADEVORGANG: Sicher und mit Spaß sauber.

⚗️ **EXPERTENTIPP:** *Reagiert das Baby zögernd auf die Badewanne, gehen Sie einfach mit hinein. Sind Sie dabei alleine, setzen Sie das Baby auf den Badvorleger neben der Wanne, steigen selbst hinein und heben dann erst das Baby in die Wanne. Beim Aussteigen kehren Sie den Vorgang um. Haben Sie die Unterstützung eines anderen Users, lassen Sie sich das Baby reichen, sobald Sie in der Wanne sitzen. Reichen Sie das Baby heraus, bevor Sie aus der Wanne steigen. Steigen Sie niemals mit dem Baby auf dem Arm in die oder aus der Badewanne, ein Sturz könnte zu Verletzungen führen.*

[8] Knien Sie sich vor die Badewanne, wenn Sie das Baby ins Wasser setzen (Abb. D).

[9] Spielen Sie mit ihm in der Badewanne, bevor Sie die Waschprozedur beginnen. Anfangs kann das Baby zögernd auf die Badewanne reagieren. Sorgen Sie durch Spritz- und Schwimmtiere oder anderes Badewannenspielzeug (Abb. E) für Badespaß.

[10] Waschen Sie das Baby.

⚠️ **ACHTUNG:** *Babys – insbesondere weibliche Modelle – sind empfänglich für Infektionen im Harntrakt, wenn sie lange in einer Wanne mit seifigem oder shampoogefülltem Wasser sitzen. Warten Sie mit dem Reinigungsvorgang immer bis zum Ende des Bades.*

Haare waschen

Auch wenn Ihr Modell nicht mit Haaren ausgestattet ist, ist es wichtig, den Kopf alle drei bis fünf Tage zu waschen. Dies minimiert das Milchschorf-Risiko. Verwenden Sie dazu ein spezielles Babyshampoo.

[1] Feuchten Sie Haare oder Kopf mit frischem, warmem Wasser an.

[2] Schäumen Sie eine daumennagelgroße Menge Shampoo auf dem Kopf des Babys auf. Massieren Sie an den Fontanellen besonders vorsichtig.

[**3**] Lehnen Sie das Baby zurück und spülen Sie es ab. Nehmen Sie einen kleinen Becher, um frisches, lauwarmes Wasser über die Haare zu gießen. Lassen Sie kein Shampoo in die Augen oder Ohren des Babys laufen.

[**4**] Mit einem Handtuch trocken tupfen.

Reinigen der Ohren, Nase und Nägel

Die meisten Modelle wehren sich gegen weitere Reinigungsvorgänge nach dem Baden, Abtrocknen und Anziehen. Deshalb verschieben viele Anbieter diese Arbeitsschritte auf einen späteren Zeitpunkt.

Ohren: Es sollte kein Wasser in die Ohren des Babys gelangen. Benutzen Sie Babywattestäbchen, um überschüssiges Ohrenschmalz oder Verschmutzungen von den Außenseiten der Ohren zu entfernen.

⚠ **ACHTUNG:** *Reinigen Sie nur sichtbare Stellen. Das Einführen von Wattestäbchen (oder anderen Gegenständen) in den Ohrkanal oder die oberen Nasengänge kann zu Funktionsstörungen führen.*

Nase: Verwenden Sie zur Reinigung der Nasenlöcher Babywattestäbchen – mit einem Tropfen Wasser angefeuchtet, der den Schleim aufweicht.

Nägel: Babynagelscheren erleichtern diese Aufgabe. Schneiden Sie die Fingernägel, wie Sie auch Ihre eigenen schneiden. Schneiden Sie die Fußnägel gerade. Leistet das Baby Widerstand, können Sie die Nägel feilen, statt sie zu schneiden.

⚠ **EXPERTENTIPP:** *Widersetzt sich das Baby dem Schneiden, schneiden Sie die Nägel, während es schläft. Das reduziert die Verletzungsgefahr.*

Reinigen und Bürsten der Zähne

Bei den meisten Modellen spitzen erste Zähne zwischen dem vierten und zwölften Monat aus dem Zahnfleisch. Babys haben keine einge- baute Selbstreinigungsfunktion; die Verantwortung für die Zahnpflege liegt beim User. Anfangs wird nur ein weiches Tuch zur Reinigung der Zähne benötigt. Werden die Zähne größer und zahlreicher – im 10. bis 12. Betriebsmonat –, kann der User eine Zahnbürste verwenden. Es sind spezielle Babyzahnbürsten erhältlich, alternativ kann auch eine Standardzahnbürste mit kleinem Kopf und weichen Borsten benutzt werden. Lassen Sie das Baby mit der Zahnbürste spielen und darauf herumkauen, bevor Sie versuchen, seine Zähne zu putzen. So schließt das Baby Bekanntschaft mit der Bürste. Dies kann auch bei Zahnungs- schmerzen Erleichterung verschaffen.

Reinigen

Führen Sie folgende Reinigungsprozedur zweimal täglich an jedem Zahn durch:

[1] Feuchten Sie ein sauberes, weiches Stück Tuch oder ein Stück Gaze mit warmem Wasser an.

[2] Klemmen Sie einen Fingerbreit des Tuchs zwischen Daumen und Zeigefinger.

[3] Bedecken Sie die Zähne vorsichtig mit dem Tuch. Legen Sie es auf die Zahnfleischkante und drücken Sie sanft.

[4] Wischen Sie die Zähne beim Entfernen des Tuchs ab.

[5] An allen Zähnen zweimal wiederholen.

Bürsten

Sprechen Sie mit Ihrem Service-Provider den Zeitpunkt ab, bevor Sie vom Tuch auf die Zahnbürste wechseln.

[**1**] Feuchten Sie die Borsten mit warmem Wasser an.

[**2**] Drücken Sie eine erbsengroße Menge fluoridhaltiger Kinderzahncreme auf die Bürste. Die meisten Zahnpasten für Erwachsene sind für Kinder unter 36 Monaten nicht empfehlenswert.

[**3**] Setzen Sie Ihr Baby auf Ihren Schoß, so dass es Sie ansieht, oder halten Sie es so, dass es in einen Spiegel sehen kann.

[**4**] Stecken Sie die Zahnbürste in seinen Mund und reiben Sie die Borsten gegen die Zähne. Machen Sie leichte, kreisförmige Bewegungen. Zu starkes Bürsten kann das Zahnfleisch Ihres Babys verletzen.

[**5**] Geben Sie Ihrem Baby einen Schluck Wasser, um den Mund auszuspülen.

⚠ **ACHTUNG:** *Putzen Sie immer die Zähne Ihres Babys, bevor Sie den Schlafmodus aktivieren. Milchrückstände auf den Zähnen können zu Karies führen.*

Haare schneiden

Im Laufe des ersten Lebensjahrs schneiden einige User dem Baby die Haare. Werden die Haare zum ersten Mal geschnitten, könnte es sein, dass sie nicht sofort nachwachsen. Dies ist keine Funktionsstörung und kein Grund zur Aufregung. Mit dem Älterwerden wachsen die Haare regelmäßig nach.

[**1**] Legen Sie das Zubehör bereit. Sie brauchen einen Assistenten, ein Handtuch, eine Sprühflasche mit Wasser, eine kindersichere Schere und ein Spielzeug (oder eine ähnliche Ablenkung; Abb. A).

[**2**] Setzen Sie das Baby so auf den Schoß Ihres Assistenten, dass es Sie ansieht. Decken Sie das Baby vom Hals abwärts mit einem Handtuch ab (Abb. B).

[**3**] Feuchten Sie die Haare des Babys an. Decken Sie die Augen mit Ihrer Hand ab und sprühen Sie dann einen feinen Wasserschleier mit der Sprühflasche auf seinen Kopf.

[**4**] Lenken Sie das Baby von der Schere ab, sonst könnte es versuchen, nach ihr zu greifen. Das macht den Schneidevorgang sowohl schwierig als auch gefährlich. Ihr Assistent sollte das Baby mit einem Spiegel, einem Luftballon, mit Fingerspielen oder einer anderen Art der Unterhaltung ablenken.

[**5**] Halten Sie eine Haarpartie zwischen Ihrem Mittel- und Zeigefinger und schneiden Sie sie mit der Schere ab.

[**6**] Wiederholen Sie den Vorgang, bis alle Strähnen auf die gewünschte Länge gekürzt sind.

⚠ **EXPERTENTIPP:** *Leistet das Baby Widerstand, können Sie den Vorgang möglicherweise nicht beenden. Schneiden Sie deshalb die längsten, schwierigsten Partien zuerst.*

(Abb. A)
ZUBEHÖR:
1 Handtuch
2 Sprühflasche
3 kindersichere Schere
4 Spielzeug

(Abb. B)
RICHTIGE ARBEITSHALTUNG

Anziehen des Babys

Die Verwendung von Bekleidungs-Zubehör schützt das Baby vor direkten Sonnenstrahlen, Feuchtigkeit, Schrammen, Staub und anderen üblichen Gefahren. Vor allem jedoch unterstützt Kleidung die Regulierung des eingebauten Thermostats. Das Zubehör gibt es bei vielen Spezialanbietern.

Es ist wichtig, das Baby nicht zu warm anzuziehen, weil dies das Risiko des Plötzlichen Kindstods vergrößert. Es wird empfohlen, die Zimmertemperatur bei 20° C zu halten und das Baby mit einer Schicht mehr zu bekleiden, als es für Sie selbst angenehm ist. (Fühlen Sie sich z. B. in Unterwäsche wohl, ziehen Sie dem Baby ebenfalls Unterwäsche an und zusätzlich ein leichtes Hemdchen.) Eine Decke gilt als zusätzliche Schicht.

[1] Entscheiden Sie sich tagsüber für leicht wechselbare Kleidung. Wählen Sie Kleidungsstücke mit großen Halsöffnungen, aus dehnbaren Materialien, mit losen Ärmeln und Druckknöpfen. Schlafanzüge sollten aus schwer entflammbarem Material sein und enger anliegen.

[2] Räumen Sie Bett oder Wickelkommode frei, damit das Baby darauf liegen kann. Wurde die Windel in der letzten Stunde nicht gewechselt, prüfen Sie, ob eine Reinstallation nötig ist.

[3] Beim Umziehen könnte das Baby Widerstand leisten. Denken Sie an Ablenkung. Zu empfehlen sind beruhigende Musik, Mobiles und Fingerspiele.

[4] Dehnen Sie die Halsöffnungen, bevor Sie das Kleidungsstück über den Kopf des Babys streifen. Manuelles Strecken der Kleidung ist notwendig, weil der Kopf des Babys meist größer als die Halsöffnungen ist. Das ist kein Konstruktionsfehler und sagt nichts Negatives über die derzeitige (oder zukünftige) physische Erscheinungsform des Modells aus.

[**5**] Stecken Sie Ihren Arm durch die Ärmelöffnung, nehmen Sie den Unterarm des Babys und führen Sie den Ärmel behutsam über den Arm. Mit dem anderen Arm wiederholen und bei Hosen- oder Beinöffnungen analog verfahren.

[**6**] Ziehen Sie das Kleidungsstück beim Schließen eines Reißverschlusses leicht vom Körper weg, damit nicht versehentlich Haut eingeklemmt wird.

Schutz vor Hitze und Kälte

Ein Baby sollte sich niemals in extremer Hitze oder Kälte aufhalten. Sind Sie mit dem Baby draußen unterwegs, sollten Sie es mit folgenden Maßnahmen vor der Witterung schützen.

Schutz vor extremer Hitze

Vermeidung von direkter Sonnenbestrahlung und zu warmer Kleidung sind der beste Schutz vor Überhitzung. Zur Maximierung des Kühleffekts und zur Minimierung direkter Sonnenbestrahlung ziehen Sie dem Baby folgende Kleidungsstücke an.

Engmaschige, locker sitzende Baumwollkleidung in hellen Farben: Engmaschiges Gewebe hindert Sonnenlicht am Durchdringen des Materials. Locker sitzende Kleidungsstücke helfen dem Baby, seine Körpertemperatur selbst zu regulieren. Helle Farben reflektieren das Sonnenlicht.

Langärmelige Hemdchen und Hosen mit langen Beinen: Schutz vor direkter Sonnenbestrahlung hilft dem Baby, seine Körpertemperatur niedrig zu halten. Ungeschützte Stellen sollten bedeckt werden.

Socken: Die Haut an den Füßen ist besonders sonnenbrandgefährdet. Liegt das Baby in einem Kinderwagen, sind die Füße oft exponierter als der Rest des Körpers. Ziehen Sie dem Baby Socken an.

Hut mit Krempe: Er schützt Kopf, Gesicht und Ohren.

Sonnenbrille: Sie ist in diesem Alter nicht erforderlich. Schützen Sie das Baby im Kinderwagen durch Sonnendach oder Sonnenschirm oder hängen Sie ein Tuch an die Vorderseite des Wagens. Befestigen Sie im Auto Sonnenblenden.

⚠ *ACHTUNG: Babys sollten nicht vor dem sechsten Betriebsmonat mit Sonnenschutzmitteln eingecremt werden. Die darin enthaltenen Chemikalien könnten Hautunverträglichkeiten (an der weitaus empfindlicheren Babyhaut) hervorrufen. Ab dem sechsten Monat sollte das Baby mit einer kleinen Menge Sonnenschutzmittel eingecremt werden, wann immer es in der Sonne ist. Vergewissern Sie sich, dass der Sonnenschutzfaktor höher als 15 ist und die Lotion keine Konservierungs- und Duftstoffe enthält.*

Schutz vor extremer Kälte

Das Baby sollte eine Schicht mehr tragen, als für den User angenehm ist. Ziehen Sie dem Baby folgende Kleidungsstücke an, wenn Sie mit ihm in die Kälte gehen.

Warme Mütze mit Ohrenklappen: Dies verhindert das Entweichen der Körperwärme durch den Kopf.

Babystiefelchen und Handschuhe: Diese bedecken die Extremitäten des Babys und helfen ihm, die Körpertemperatur zu halten.

Anorak/Schneeanzug: Diese Außenschicht schützt das Baby vor Niederschlag.

Decke: Packen Sie das Baby, je nach Wetter, in eine zusätzliche Decke oder in einen wärmenden Fußsack. Diese sind im Babyfachhandel erhältlich.

⚠ *EXPERTENTIPP: Planen Sie eine Autofahrt, sollten Sie Ihre Auto-heizung anstellen, bevor Sie das Baby im Autositz angurten. Dauert die Fahrt länger als 15 Minuten, öffnen Sie den Reißverschluss des Anoraks. Die Kör-pertemperatur des Babys reguliert sich von selbst.*

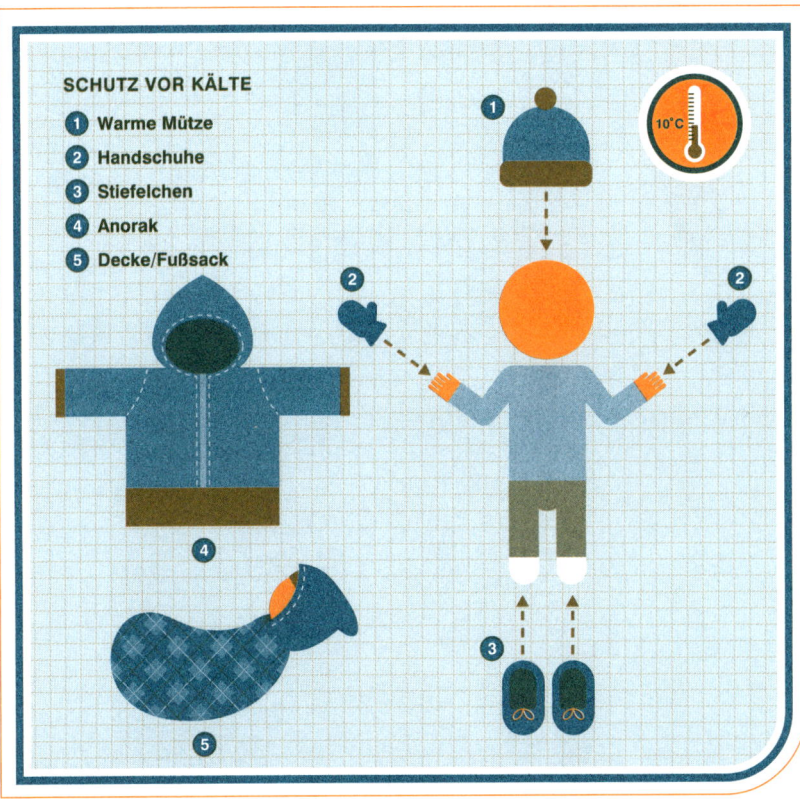

SCHUTZ VOR KÄLTE

1 **Warme Mütze**
2 **Handschuhe**
3 **Stiefelchen**
4 **Anorak**
5 **Decke/Fußsack**

10°C

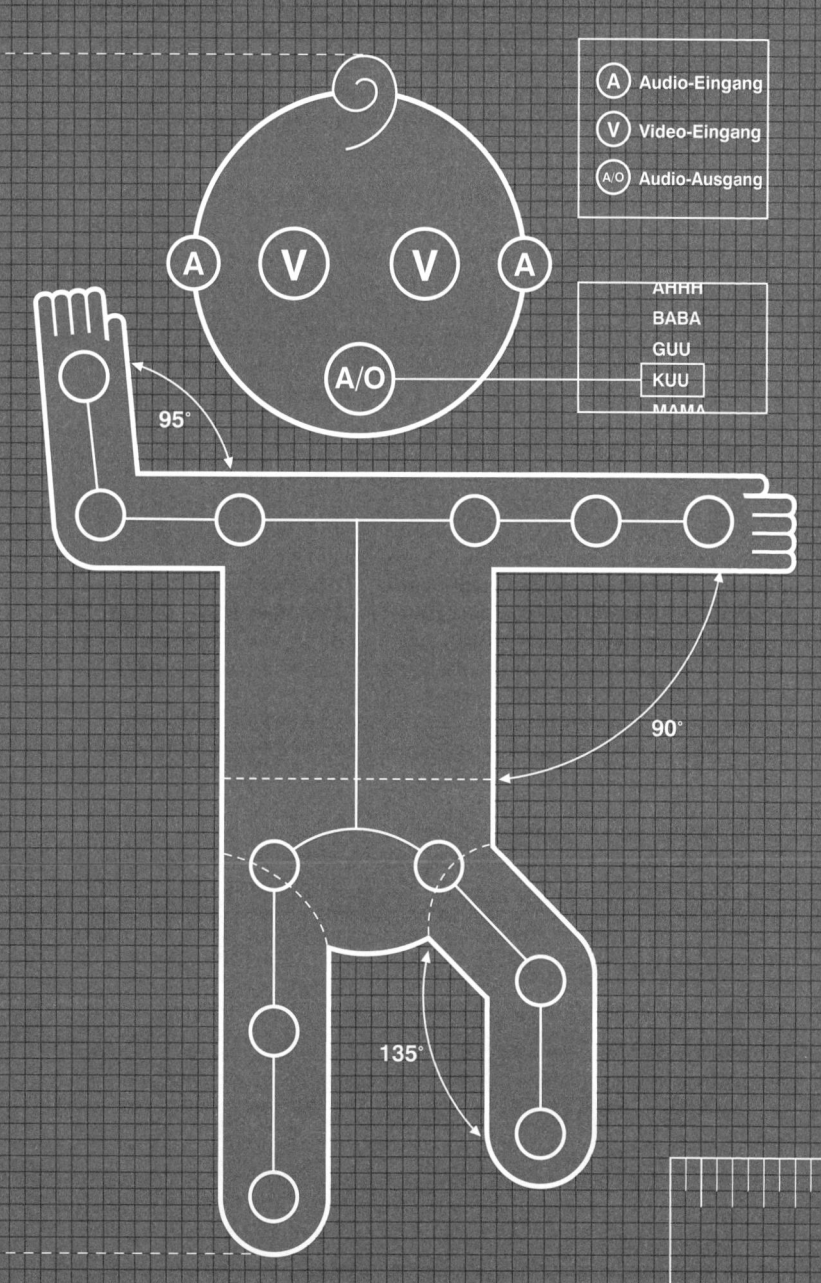

A Audio-Eingang
V Video-Eingang
A/O Audio-Ausgang

AHHH
BABA
GUU
KUU
MAMA

95°

90°

135°

[Kapitel 6]

Wachstum und Entwicklung

Beobachtung der motorischen und sensorischen Applikationen

Alle Modelle entwickeln sich unterschiedlich. Nachfolgend finden Sie allgemeine Richtlinien zu den Fähigkeiten vieler Modelle im Alter von einem Monat – einem äußerst wichtigen Zeitpunkt im Leben des Babys.

Visuelle Sensoren (Sehvermögen)

Etwa am Ende des ersten Betriebsmonats sollte das Baby in der Lage sein, Gegenstände in einem Abstand unter ca. 30 cm zu sehen. Es sollte ebenso imstande sein, mit seinem Blick Gegenständen von einer Seite zur anderen zu „folgen".

Das Baby wird lieber Gesichter als Gegenstände ansehen. Schwarz-weiße Gegenstände werden zu diesem Zeitpunkt von den meisten Modellen gegenüber farbigen bevorzugt. Dies sind Voreinstellungen, die nicht vom User beeinflusst werden können. Sie verändern sich im Laufe des Wachstumsprozesses des Babys von selbst.

Auditive Sensoren (Gehör)

Gegen Ende des ersten Betriebsmonats sollte das Gehör des Babys voll ausgebildet sein. Es sollte Geräusche erkennen und sich bekannten Stimmen zuwenden. User, die die auditiven Sensoren ihres Babys schulen wollen, könnten dies mit Hilfe von Musik, durch Sprechen oder Singen tun. Diese Aktivitäten beschleunigen die vorprogrammierte Entwicklungsgeschwindigkeit.

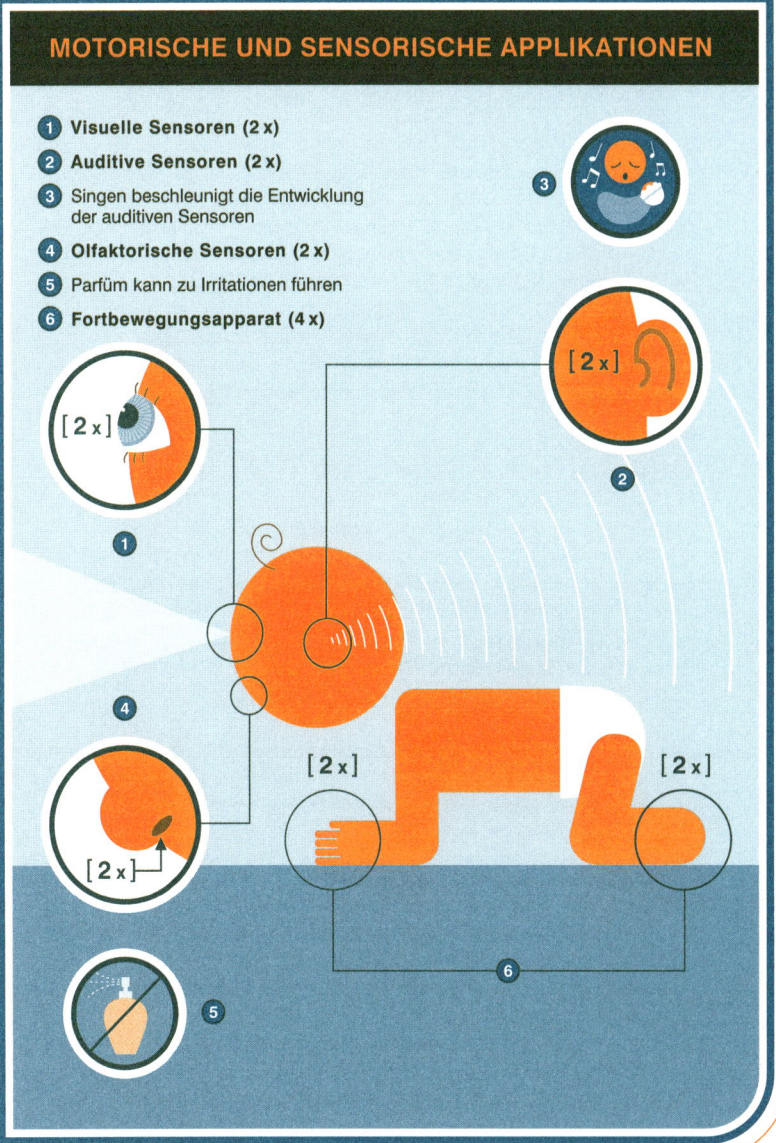

MOTORISCHE UND SENSORISCHE APPLIKATIONEN

1. **Visuelle Sensoren (2 x)**
2. **Auditive Sensoren (2 x)**
3. Singen beschleunigt die Entwicklung der auditiven Sensoren
4. **Olfaktorische Sensoren (2 x)**
5. Parfüm kann zu Irritationen führen
6. **Fortbewegungsapparat (4 x)**

[2 x]
[2 x]
[2 x]
[2 x]
[2 x]

Fortbewegungsapparat (Bewegung)

Etwa am Ende des ersten Betriebsmonats sollten alle Modelle erkennen, dass sie Arme, Beine, Hände und Füße haben. Das Baby sollte in der Lage sein, seine Hände zu Fäusten zu ballen und diese in den Mund zu stecken. Kopf- und Nackenmuskulatur werden stärker, aber nicht voll ausgebildet sein. Auch wenn das Baby seinen Kopf selbst zu halten beginnt, benötigt es noch fremde Unterstützung.

User, die den Fortbewegungsapparat ihres Babys verbessern möchten, sollten das Baby auf den Bauch legen. Das stärkt die Kopf- und Nackenmuskulatur. Das Spielen mit seinen Armen und Beinen hilft dem Baby zu erkennen, dass sie Teile seines eigenen Körpers sind.

Olfaktorische Sensoren (Geruchssinn)

Bereits ab der Lieferung erkennen die olfaktorischen Sensoren des Babys den Geruch der Mutter und den Geruch der Muttermilch. User, die die olfaktorischen Sensoren ihres Babys sensibilisieren wollen, sollten in den ersten Betriebsmonaten auf Parfüm, Rasierwasser und parfümierte Seife verzichten. Die Verwendung solcher Produkte interferiert mit der Fähigkeit des Babys, den Geruch des Users zu erkennen.

EXPERTENTIPP: Sollte das Baby diese Entwicklungsschritte nicht bis zum Ende des ersten Betriebsmonats erreicht haben, besteht kein Grund zur Besorgnis. Jedes Modell entwickelt sich mit unterschiedlicher Geschwindigkeit. Sie sollten sich jedoch mit Ihrem Service-Provider in Verbindung setzen, wenn das Baby nicht auf laute Geräusche reagiert, seine Arme und Beine selten bewegt, Gegenstände nicht mit den Augen verfolgt oder nicht blinzelt, wenn ihm helles Licht in die Augen scheint.

Testen der Babyreflexe

Babys werden mit einer Vielzahl vorinstallierter Reflexe geliefert, die ihr Überleben sicherstellen und die Anpassung an die Umgebung beschleunigen. Ein Reflex ist eine nicht beeinflussbare Reaktion, die aus der direkten Übertragung eines Stimulus auf einen Muskel resultiert. Führen Sie einen einfachen diagnostischen Test der vorinstallierten Reflexe des Babys, wie nachfolgend skizziert, durch.

Saugreflex

Dieser Reflex hilft dem Baby, sich in den ersten Lebenswochen Nahrung (in Form von Muttermilch oder Fertigmilch) zu sichern. Gewöhnlich geht er um das Ende des ersten Betriebsmonats in ein zweckgerichtetes, vorsätzliches Saugen über.

[1] Stecken Sie einen (sauberen) Finger, einen Schnuller oder eine Brustwarze in den Mund des Babys.

[2] Das Baby sollte das Objekt zwischen Gaumen und Zunge nehmen. Es wird seine Zunge vorwärts und rückwärts bewegen und so den Sog erzeugen.

Suchreflex

Dieser Reflex hilft dem Baby bei der Nahrungssuche. Er sollte innerhalb der ersten vier Monate in eine gezielte Hinwendung zu Brust oder Flasche übergehen.

[1] Wiegen Sie das Baby und streicheln Sie seine Wange. Das Baby sollte sich in die Richtung des Reizes drehen, sein Mund sollte offen und zur Nahrungsaufnahme bereit sein.

[2] An der anderen Wange wiederholen.

Moro-Reflex

Bei diesem Reflex streckt das Baby blitzschnell Arme und Beine aus und zieht sie dann an seine Brust. Es ballt seine Hände zu Fäusten. Der Reflex wird von lauten Geräuschen und/oder plötzlichen Bewegungen ausgelöst. Der Reflex verschwindet innerhalb von vier bis sechs Monaten wieder.

[1] Legen Sie das Baby auf den Rücken. Wenn es ruhig liegt (aber nicht schläft), niesen oder husten Sie plötzlich.

[2] Ihr Baby sollte sofort reagieren, seine Arme und Beine schnell ausstrecken und dann wieder an seinen Körper ziehen. Seine Hände ballt es zu Fäusten.

⚠ *ACHTUNG: Die Geräusche, mit denen Sie den Moro-Reflex testen, sollten nicht zu laut oder furchteinflößend sein. Beobachten Sie Ihr Baby einfach. Falls es nicht auf Niesen oder Husten reagiert, löst vielleicht das Bellen eines Hundes, ein Klopfen an der Tür, eine kräftige Stimme oder ein anderes lautes Geräusch den Reflex aus.*

Greifreflexe

Diese Reflexe veranlassen das Baby, auf Berührung seine Finger zu schließen (Handflächenreflex) oder seine Zehen einzuziehen (Fußflächenreflex). Ersterer geht innerhalb von sechs Monaten zu gezieltem Greifen über, Letzterer hört nach dem ersten Jahr auf.

[1] Streicheln Sie mit Ihren Fingern über die geöffnete Handfläche des Babys. Das Baby sollte seine Finger um Ihre Finger schließen (oder versuchen, sie um sie zu schließen).

[2] Streicheln Sie mit Ihren Fingern über die Fußsohle des Babys. Das Baby sollte seine Zehen einziehen (oder versuchen, sie einzuziehen).

[3] Mit der anderen Hand und dem anderen Fuß wiederholen.

Schreitreflex

Dieser Reflex veranlasst das Baby, sich auf seine eigenen Füße zu stellen, ungeachtet dessen, ob seine Beine es tragen können oder nicht. User müssen dabei Hilfestellung leisten. Die meisten Modelle werden sogar versuchen, auf den User zuzulaufen. Der Schreitreflex endet nach einigen Monaten und wird mit ungefähr einem Jahr vom Stehen und Laufen abgelöst.

[1] Halten Sie das Baby unter den Achseln, so dass es Sie ansieht. Stützen Sie seinen Kopf, damit er nicht nach hinten kippt.

[2] Setzen Sie sich in einen Sessel und heben Sie das Baby in eine stehende Position. Stellen Sie seine Füße flach auf Ihre Oberschenkel.

[3] Das Baby sollte seine Füße nach unten drücken, als ob es sein eigenes Gewicht tragen wollte.

Asymmetrisch tonischer Nackenreflex

Dieser Reflex hilft dem Baby bei der Koordination der Kopf- und Armbewegung.

[1] Legen Sie das Baby auf den Rücken.

[2] Drehen Sie den Kopf Ihres Babys sanft auf die rechte Seite.

[3] Der rechte Arm des Babys sollte neben seinem Körper ausgestreckt sein. Sein linker Arm kann zu seinem Kopf hin gebeugt sein.

[4] Drehen Sie den Kopf Ihres Babys nach links. Es sollte seinen linken Arm ausstrecken und gleichzeitig seinen rechten Arm beugen.

Schutzreflex

Dieser Reflex versetzt das Baby in die Lage, sich selbst gegen echte und falsche Angreifer zu schützen. Dieser Schutzreflex verschwindet erst, wenn Ihr Baby eine bessere motorische Kontrolle hat.

[**1**] Legen Sie das Baby auf den Rücken.

[**2**] Halten Sie ein Spielzeug etwa 30 Zentimeter entfernt über seinen Kopf und bewegen Sie es langsam auf sein Gesicht zu.

[**3**] Ihr Baby sollte sein Gesicht nach einer Seite wegdrehen.

Entwicklungsstufen im ersten Jahr

Im Laufe seiner Entwicklung erreicht das Baby mehrere entscheidende Entwicklungspunkte. Aber da Babys von Modell zu Modell unterschiedlich sind, erreicht nicht jedes Baby spezifische Entwicklungsstufen zu spezifischen Zeitpunkten.

Die Entwicklungsschritte auf den folgenden Seiten basieren auf dem Durchschnitt unterschiedlicher Modelle. Es besteht kein Grund zur Besorgnis, wenn Ihr Baby diesem Durchschnitt nicht entspricht. Es gibt immer eine Leistungsbandbreite, und Abweichungen vom Durchschnitt sind keine positiven oder negativen Anzeichen für die Fähigkeiten des Babys. Beachten Sie, dass jeder Entwicklungsschritt unabhängig von anderen ist; einige Modelle beginnen früh zu laufen, aber spät zu sprechen. Nehmen Sie Kontakt zu Ihrem Service-Provider auf, wenn Sie ernsthafte Bedenken bezüglich der Entwicklung Ihres Babys haben.

Entwicklungsschritte bis zum dritten Monat

Etwa am Ende des dritten Monats werden die meisten Modelle
- Anblick und Stimme ihrer User erkennen
- lächeln, wenn sie diese hören oder sehen
- sich für komplexere Sehmuster interessieren
- sich für die Gesichter Fremder interessieren
- ihren Kopf besser kontrollieren können
- längere Phasen schlafen
- eine bessere Koordination entwickeln
- verstärkt nach Gegenständen greifen

WARNSIGNALE: Trifft nach den ersten 90 Tagen eine dieser Aussagen auf Ihr Baby zu, wird empfohlen, den Service-Provider aufzusuchen.
- Das Baby schielt.
- Das Baby hat Schwierigkeiten, Gegenständen mit den Augen zu folgen.
- Das Baby reagiert nicht auf laute Geräusche oder die Stimme des Users.
- Das Baby benutzt seine Hände nicht (oder versucht es nicht).
- Das Baby hat Schwierigkeiten, seinen Kopf zu halten.

Entwicklungsschritte bis zum sechsten Monat

Etwa am Ende des sechsten Monats werden die meisten Modelle
- in der Lage sein, Gegenstände mit dem Blick zu fokussieren
- nach einer Geräuschquelle sehen
- einfache Laute des Users wiederholen und brabbeln
- seltener essen und feste Kost ausprobieren
- für längere Zeiträume alleine spielen, ohne zu weinen
- häufig an Gegenständen nagen

- sich unabhängiger bewegen, rollen und (mit Unterstützung) sitzen lernen
- anfangen, die Welt mit den Händen zu erforschen

WARNSIGNALE: Trifft nach den ersten sechs Monaten eine dieser Aussagen auf Ihr Baby zu, wird empfohlen, den Service-Provider aufzusuchen.
- Das Baby antwortet Ihnen nicht mit Brabbeln.
- Das Baby greift nicht nach Gegenständen und steckt sie nicht in den Mund.

Entwicklungsschritte bis zum neunten Monat

Etwa am Ende des neunten Monats werden die meisten Modelle
- dem Spielzeug nachsehen, das aus ihrem Blickfeld geraten ist
- verärgert sein, wenn Sie sich verabschieden und gehen
- versuchen, Ihre Wörter durch Brabbeln zu imitieren
- sich unabhängiger bewegen und lernen zu krabbeln und/oder sich hochzuziehen
- Gegenstände in die Hand nehmen und verstehen, wie sie funktionieren

WARNSIGNALE: Trifft nach den ersten neun Monaten eine dieser Aussagen auf Ihr Baby zu, wird empfohlen, den Service-Provider aufzusuchen.
- Das Baby zieht beim Krabbeln eine Körperhälfte nach.
- Das Baby brabbelt nicht als Antwort auf komplexe Töne.

Entwicklungsschritte
bis zum zwölften Monat

Etwa am Ende des zwölften Monats werden die meisten Modelle

- Gegenstände, die Sie benennen, suchen und finden
- Sie finden, wenn Sie aus einem anderen Zimmer rufen
- reagieren, wenn Sie „nein" sagen
- sich unabhängiger als zuvor bewegen und laufen und klettern lernen
- auf Stellen zeigen, zu denen sie gehen möchten

WARNSIGNALE: Trifft nach den ersten zwölf Monaten eine dieser Aussagen auf Ihr Baby zu, wird empfohlen, den Service-Provider aufzusuchen.

- Das Baby macht keine Geräusche.
- Das Baby imitiert Ihre Gesten nicht.
- Das Baby kann nicht ohne Hilfe stehen.

Bestimmung der Durchschnittswerte

Die Beobachtung der körperlichen Entwicklung des Babys wird durch die Bestimmung seiner Durchschnittswerte ergänzt. Diese Kennziffern beschreiben, wie Ihr Modell im Vergleich zum Durchschnitt anderer Modelle gleichen Alters und gleichen Geschlechts wächst. Drei Konstanten werden dabei verglichen: Gewicht, Größe und Kopfumfang. Die Bestimmung wird durch Ihren Service-Provider bei den Standardvorsorgeuntersuchungen vorgenommen.

Liegt Ihr Modell im 20-Prozent-Bereich der Kurve, zum Beispiel beim Gewicht, bedeutet das, dass es mehr wiegt als 20 Prozent aller Babys im Land und weniger als die 80 Prozent der restlichen Babys. Beachten Sie, dass Ihr Baby bei unterschiedlichen Messungen auf unterschiedlichen Prozentkurven liegen kann.

[**1**] Wiegen Sie Ihr Baby. Etwa, indem Sie sich zunächst selbst wiegen und anschließend gemeinsam mit dem Baby. Ziehen Sie Ihr Gewicht vom Gesamtwert ab, um das Gewicht des Babys zu bestimmen. Ihr Service-Provider wird Ihr Baby ebenfalls regelmäßig wiegen.

[**2**] Messen Sie die Körperlänge Ihres Babys. Legen Sie ein Blatt Papier auf eine ebene Fläche und legen Sie das Baby darauf ab. Markieren Sie den Scheitelpunkt auf dem Papier. Strecken Sie die Beine des Babys und markieren Sie die Fußsohlen auf dem Papier. Zeichnen Sie beide Markierungen im selben Abstand vom Papierrand, damit Sie sicher sein können, dass die Messungen richtig sind. Messen Sie den Abstand zwischen den beiden Markierungen, um die Größe Ihres Babys zu bestimmen.

[**3**] Messen Sie den Kopfumfang Ihres Babys. Legen Sie ein weiches Maßband rund um die dickste Stelle des Kopfes, genau oberhalb der Ohren. Messen Sie den Kopfumfang immer an derselben Stelle.

[**4**] Tragen Sie Ihre Messungen ein. Nutzen Sie dazu die Grafiken auf den folgenden Seiten, um die Prozentwerte Ihres Babys zu bestimmen. So können Sie feststellen, wie sich Ihr Modell im Vergleich mit anderen Modellen entwickelt.

⚠ **EXPERTENTIPP:** *Machen Sie sich nicht zu viele Sorgen über die Durchschnittswerte Ihres Babys. Ein Baby, das zehn Prozent unter dem Größendurchschnitt liegt, kann immer noch sehr groß werden. Der wichtigste Faktor bei der Bestimmung des Wachstumsmusters eines Babys ist das Wachstumsmuster seiner Eltern. Eltern, die in ihrer Kindheit klein waren, werden voraussichtlich kleine Kinder haben.*

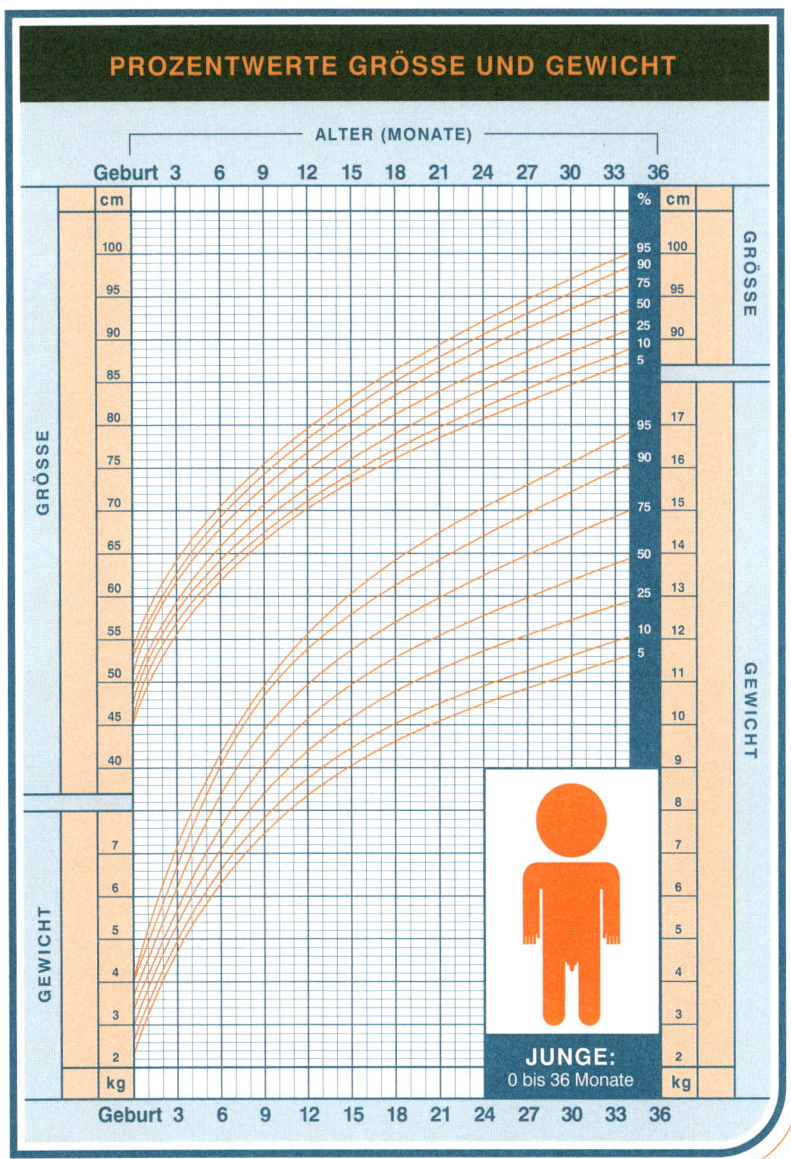

PROZENTWERTE GRÖSSE UND GEWICHT

JUNGE:
0 bis 36 Monate

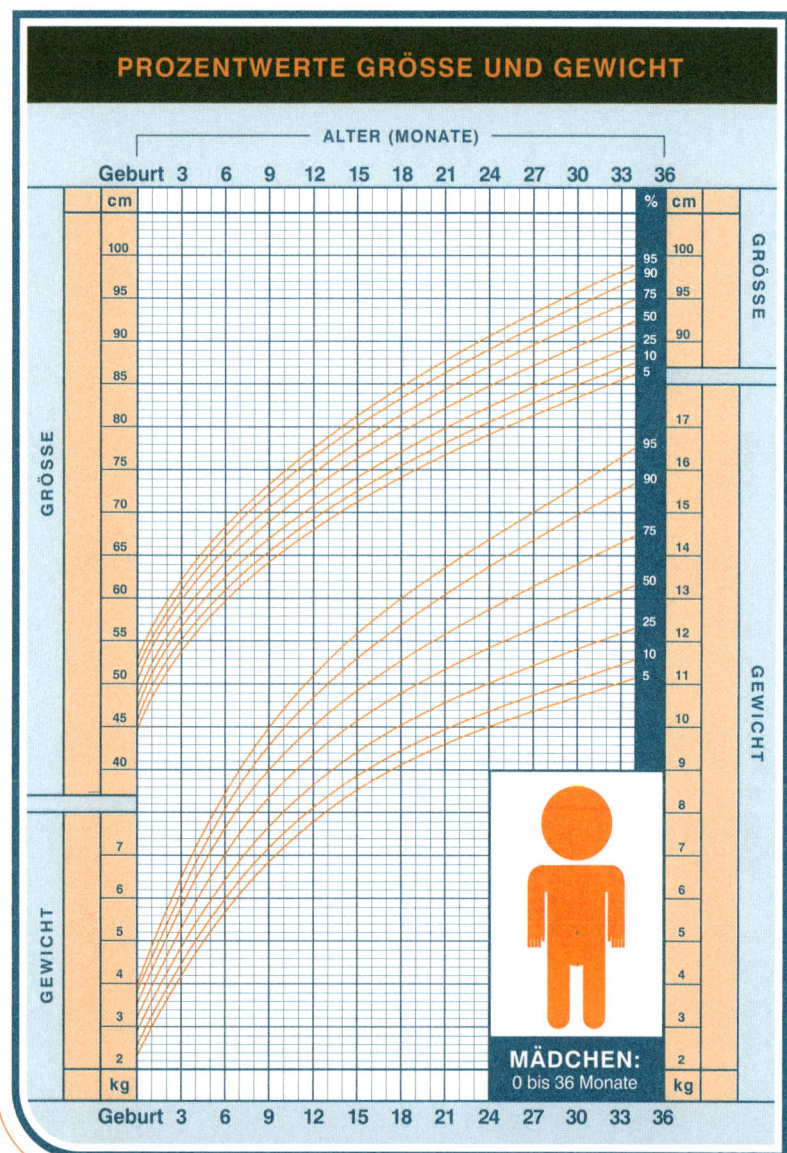

PROZENTWERTE GRÖSSE UND GEWICHT

Verbale Kommunikation

Mit etwa sechs Monaten erkennt das Baby, dass es eine vorprogrammierte Fähigkeit zum Sprechen besitzt. Diese Erkenntnis wird durch
die Kommunikation mit Ihnen aktiviert. Zu Beginn lernt es, Laute zu
imitieren, die Sie von sich geben, dann lernt das Baby, selbst zu sprechen.

Einige User sprechen mit ihrem Baby lieber in ihrer normalen Diktion
und mit ihrem normalen Wortschatz. Ihr Baby wird zunächst Schwierigkeiten haben, manche der Laute zu wiederholen, aber dann die richtigen Bezeichnungen von Personen, Orten und Gegenständen lernen.

Andere User bevorzugen die „Babysprache". Dieser Kommunika-
tionsstil macht es dem Baby leichter, Ihre Laute zu wiederholen. Sie
kann jedoch später zu Verwirrung über die richtigen Bezeichnungen
von Personen, Orten und Gegenständen führen.

Dem User wird eine Mischung aus beiden Techniken empfohlen. Zur
Erzielung optimaler Resultate sollten Sie in einer höheren Tonlage
sprechen, da die auditiven Sensoren des Babys hohe Töne besser
empfangen können.

Babysprache

Bei der Lieferung des Babys sind viele Ausdrücke der Babysprache bereits
vorinstalliert, beispielsweise:

- Kuu
- Guu
- Ahhh

Sendet das Baby einen dieser Laute, antworten Sie ihm mit demselben
Laut. Das ermutigt das Baby, verschiedene Laute zu formen, und vermittelt
ihm die Basis der Kommunikation.

Normale Sprechweise

Um den sechsten Betriebsmonat beginnen einige Modelle, Laute von sich zu geben, die Fragmenten von ganzen Wörtern ähneln – Laute wie „da", „ba", „ma" und „ladl, ladl". Wenden Sie folgende Techniken an, um das Baby bei der Erweiterung seines Wortschatzes zu unterstützen.

[1] Wiederholen Sie die Babylaute.

[2] Ermutigen Sie das Baby, Sie zu imitieren. Klatschen Sie Beifall oder rufen Sie „bravo", wenn es Ihre Laute wiederholt.

[3] Reagieren Sie auf Babylaute mit normaler Sprechweise. Antworten Sie mit „Wirklich? Ist das so?" oder „Ich glaube, du hast Recht". Ihr Lächeln und Ihre Begeisterung ermutigen das Baby, die Unterhaltung fortzusetzen.

EXPERTENTIPP: Viele User beschreiben in Form von Aussagen wie „Ich gebe dir jetzt das Fläschchen", was sie gerade tun, während sie sich mit dem Baby beschäftigen. Das Baby wird diese Aufmerksamkeit schätzen und den Gebrauch der Sprache voraussichtlich schneller lernen.

Mobilität

Mit verbesserter motorischer Geschicklichkeit entwickelt das Baby die Fertigkeit zu krabbeln, sich hochzuziehen und zu klettern. Es ist wichtig, das Baby aufmerksam zu beobachten und sicherzustellen, dass es sich nicht verletzt, bis es diese neuen Fähigkeiten völlig beherrscht.

Krabbeln

Etwa um den neunten Betriebsmonat beginnt ein Baby normalerweise zu krabbeln. Sie können es vielleicht dabei beobachten, wie es rückwärts krabbelt, eine bestimmte Seite bevorzugt, über seine Hände stolpert oder beim Umdrehen hinfällt. Dies sind normale Vorgänge, die nicht als Funktionsstörungen gewertet werden sollten. Einige Modelle krabbeln überhaupt nicht. Auch das ist keine Funktionsstörung – viele rollen oder robben sich über den Fußboden, bis sie laufen. Alle Modelle entwickeln jedoch irgendeine Form dem Laufen vorgeschalteter Mobilität. Übt das Baby krabbeln, folgen Sie diesen Richtlinien.

[1] Bleiben Sie in Reichweite des Babys, bis es Übung hat.

[2] Bleiben Sie auf der „schwachen" Seite. Vielleicht beobachten Sie, dass das Baby eine Seite der anderen vorzieht. In diesem Fall fällt das Baby wahrscheinlich häufiger auf seine schwache Seite.

[3] Lassen Sie das Baby nur auf weichen Unterlagen wie Teppichböden, Teppichen oder Gras krabbeln. Fällt das Baby bei seinen Ausflügen hin, wird es sich dann kaum oder gar nicht verletzen.

Aufstehen

Kann das Baby krabbeln, beginnt es meist, sich an Möbeln, Bücherregalen oder am User hochzuziehen. Treffen Sie die folgenden Vorsichtsmaßnahmen, um Unfälle und Verletzungen zu vermeiden, bis das Baby gelernt hat, alleine sicher aufzustehen.

[**1**] Bauen Sie weiche Fallzonen auf. Legen Sie ein Kissen oder eine weiche Decke unter den Po des Babys, wenn es sich hochzuziehen beginnt.

[**2**] Stabilisieren Sie das Baby mit Ihren Händen. Beginnt das Baby sich hochzuziehen, wird es immer wieder überraschend umfallen, bis sich Balance und Koordination ausgebildet haben und sich die Armmuskulatur ausreichend gekräftigt hat.

Klettern

Das Baby muss kein geübter Läufer sein, bevor es zu klettern beginnt. Krabbeln und Sich-Hochziehen könnten etwa um den 12. Betriebsmonat zum Klettern auf Treppen, Möbeln oder anderen Haushaltsgegenständen führen.

[**1**] Bleiben Sie in der Nähe des Babys. Während es auf viele Objekte zwar hinaufsteigen kann, fehlt den meisten Modellen die Fähigkeit, wieder herunterzuklettern.

[**2**] Helfen Sie dem Baby beim Klettern über Gegenstände. Das Baby weiß nicht um seinen eingebauten Schwerpunkt und könnte auf halbem Weg über das Objekt auf das Gesicht fallen. Helfen Sie dem Baby, bis es diese Besonderheit erkennt.

[**3**] Lassen Sie das Baby beim Treppensteigen nie unbeaufsichtigt. Ein Treppensturz kann extrem gefährlich sein. Stützen Sie das Baby zur Sicherheit die ganze Zeit mit einer Hand ab. Achten Sie auf Stürze, sowohl rücklings als auch seitwärts.

⚠ **EXPERTENTIPP:** *Das Baby sollte lernen, Treppen, Stühle und Ähnliches rückwärts herunterzuklettern. Helfen Sie ihm allerdings, wenn es sich umdrehen möchte, und unterstützen Sie es beim Absteigen. Das Baby kann das alles bald alleine, aber Sie müssen es weiterhin dabei beobachten.*

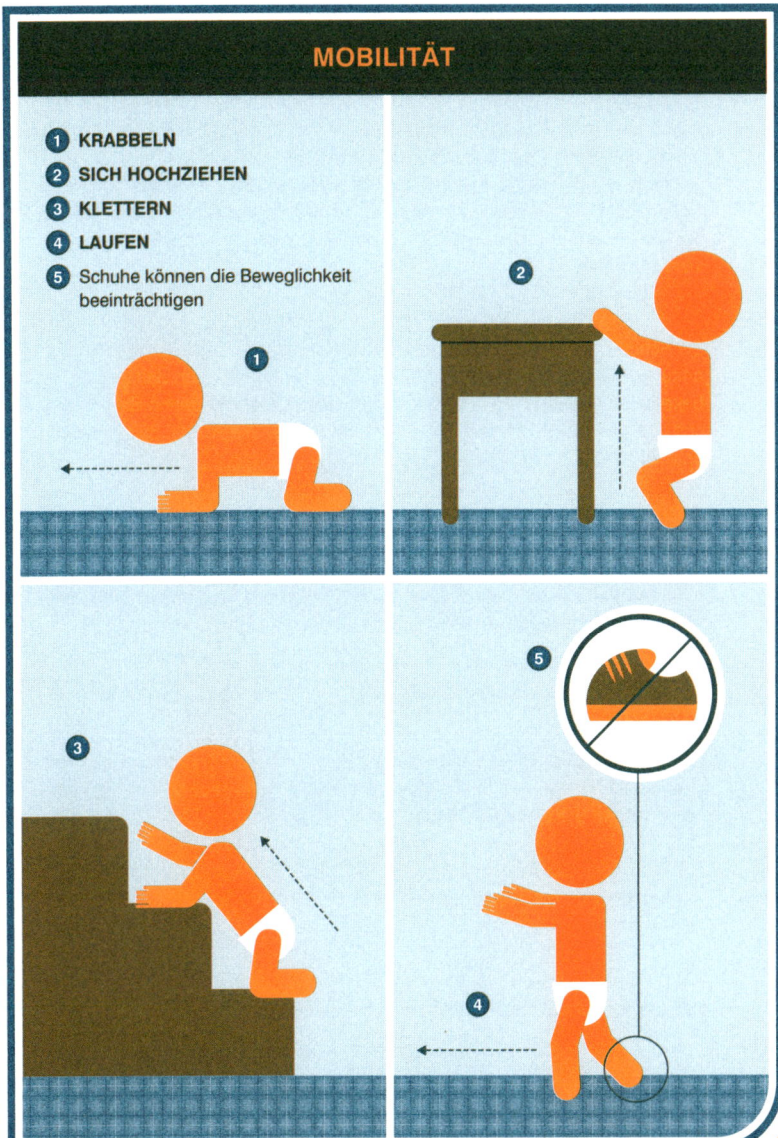

Laufen

Macht das Baby ungefähr mit zwölf Monaten seine ersten Schritte, wird es sich im (Vorwärts-)Fallen bereits viel geschickter abfangen oder beim (Rückwärts-)Fallen auf seinem Po landen. Es gibt jedoch Schutzvorkehrungen, mit denen der User dem Baby helfen kann, Verletzungen vorzubeugen.

[1] Lassen Sie das Baby barfuß oder in rutschfesten Socken laufen. Machen Sie Schuhe nicht zu früh zu einem festen Bestandteil der Baby-Garderobe. Sich ohne Schuhe zu bewegen hilft dem Baby, ein Gefühl für das Laufen zu bekommen. Schuhe fühlen sich zunächst merkwürdig an. Ziehen Sie ihm weiche, geschmeidige Schuhe an – aber nur dann, wenn das Baby draußen unterwegs ist.

[2] Räumen Sie den Weg für das Baby frei. Es wird sein Ziel – Sie oder sein Lieblingsspielzeug – klarer vor Augen haben als seine Füße.

[3] Achten Sie bei Möbeln auf harte Kanten oder scharfe Ecken. Diese können bei einem Fall zu Verletzungen führen.

Umgang mit Stürzen

Alle Modelle sind weitaus robuster, als viele User glauben. Stürze sind unvermeidlich und führen sehr selten zu Verletzungen. Beobachten Sie einen Sturz, folgen Sie diesen Leitlinien.

[1] Geraten Sie nicht in Panik. Das Baby kann Ihre Angst und Panik spüren. Je ruhiger Sie wirken, desto weniger wird es dem Sturz Beachtung schenken.

[2] Bewegen Sie sich langsam (falls der Sturz nicht ernsthaft ist). Sieht das Baby einen User auf sich zustürzen, wird es möglicherweise erschrecken.

[3] Beruhigen Sie es mit Worten, während Sie sich dem Baby nähern. Sagen Sie: „Du bist in Ordnung und gleich wieder auf den Beinen."

[**4**] Nehmen Sie das Baby auf den Arm, wenn es zusätzlichen Trost braucht.

[**5**] Untersuchen Sie das Baby auf Verletzungen und behandeln Sie diese wie erforderlich.

[**6**] Lenken Sie das Baby ab, falls es weiterhin weint. Ein neues Spielzeug könnte ihm beim Vergessen des Sturzes helfen.

Umgang mit Trennungsangst und Fremdeln

Hat das Baby verstanden, wer Sie sind und wie sehr es auf Sie angewiesen ist, wird es sich ängstigen, wenn Sie es verlassen. Diese Systemrückmeldung ist als Trennungsangst oder Fremdeln bekannt.

Dieses Phänomen tritt bei vielen Kindern ab dem vierten bis fünften Betriebsmonat auf und verstärkt sich häufig um den achten bis zehnten Betriebsmonat. Das Baby reagiert vielleicht extrovertiert auf die User, jedoch verschlossen auf Fremde. Sind Sie auch nur fünf Minuten außer Sichtweite, weint es möglicherweise. Oder es wacht mitten in der Nacht auf und ruft nach Ihnen.

Trennungsangst ist typischerweise um den 15. Betriebsmonat am stärksten. Üben Sie bis dahin die folgenden Strategien, die Ihnen und dem Baby helfen, mit den neuen Gefühlen umzugehen.

[**1**] Beruhigen Sie das Baby, wenn es Angst hat.

[**2**] Bitten Sie Fremde, leise zu sprechen und sich dem Baby langsam zu nähern.

[**3**] Führen Sie Tröster ein.

[**4**] Gewöhnen Sie das Baby langsam an eine neue Umgebung. Die akute Phase der Trennungsangst ist nicht der ideale Zeitpunkt, um das Baby in einer Tageseinrichtung unterzubringen. Falls Sie das Baby in einer

Kinderkrippe oder bei einer Tagesmutter eingewöhnen, verbringen Sie die ersten Tage dort gemeinsam. Fangen Sie dann an, für kurze 5- oder 10-Minuten-Intervalle hinauszugehen. Sagen Sie, um Vertrauen aufzubauen, immer auf Wiedersehen.

Umgang mit Wutanfällen

Beginnt das Baby, seine Welt zu verstehen, reagiert es wahrscheinlich verärgert, wenn es vergeblich versucht, seinen Willen mitzuteilen. Diese Verärgerung zeigt sich häufig in Form von Wutanfällen.

Wutanfälle treten in der Regel zwischen dem zehnten und zwölften Betriebsmonat auf. Das Baby weint oder quengelt, greift nach den Gegenständen, die es haben will, tritt mit den Füßen, schüttelt die Fäuste oder schlägt auf Sie oder andere Dinge ein. Setzen Sie die folgenden Methoden im Umgang mit Wutanfällen in diesem Alter ein.

[1] Führen Sie im ersten Lebensjahr das Wort „nein" ein. Das Baby versteht es wahrscheinlich erst, wenn es ein Jahr alt ist. Verwenden Sie das Wort selten und nur wenn es wichtig ist, beispielsweise bei Äußerungen wie „Nein, nicht anfassen. Das ist heiß!" oder „Nein, nicht in den Mund stecken. Das ist ein Käfer!". Die Macht des Wortes „nein" wird bei Wutanfällen des Babys von Nutzen sein.

[2] Versuchen Sie, so viel wie möglich zu erklären. Alle Modelle haben eingebaute Funktionen, die Ihre verbalen Erklärungen – warum es nicht mit einem Messer spielen oder den heißen Herd anfassen darf – mehr und mehr verstehen lernen. Diese Erklärungen helfen dem Baby, seine Grenzen zu erkennen.

[3] Verstärken Sie das Verhalten des Babys nicht durch emotionale Reaktionen auf Weinen oder Quengeln. Sonst lernt das Baby, dass auf dieses Verhalten eine Reaktion von Ihnen erfolgt. Reagieren Sie nicht auf Weinen oder Quengeln, sofern die Sicherheit des Babys nicht gefährdet ist.

[**4**] Konzentrieren Sie sich auf eine positive Bestärkung. Loben Sie das Baby für gutes Verhalten. Klatschen und lächeln Sie, wenn es ein Spielzeug selbst wegräumt.

[**5**] Haben Sie Geduld. Service-Provider nennen es „eine Phase", sie geht vorbei.

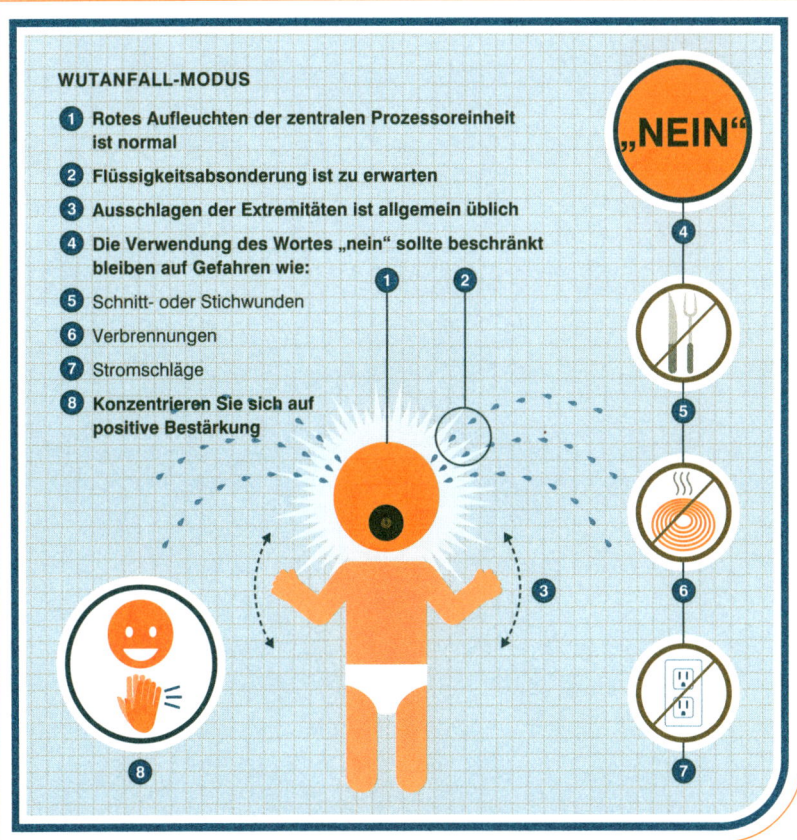

WUTANFALL-MODUS

1. Rotes Aufleuchten der zentralen Prozessoreinheit ist normal
2. Flüssigkeitsabsonderung ist zu erwarten
3. Ausschlagen der Extremitäten ist allgemein üblich
4. Die Verwendung des Wortes „nein" sollte beschränkt bleiben auf Gefahren wie:
5. Schnitt- oder Stichwunden
6. Verbrennungen
7. Stromschläge
8. Konzentrieren Sie sich auf positive Bestärkung

„NEIN"

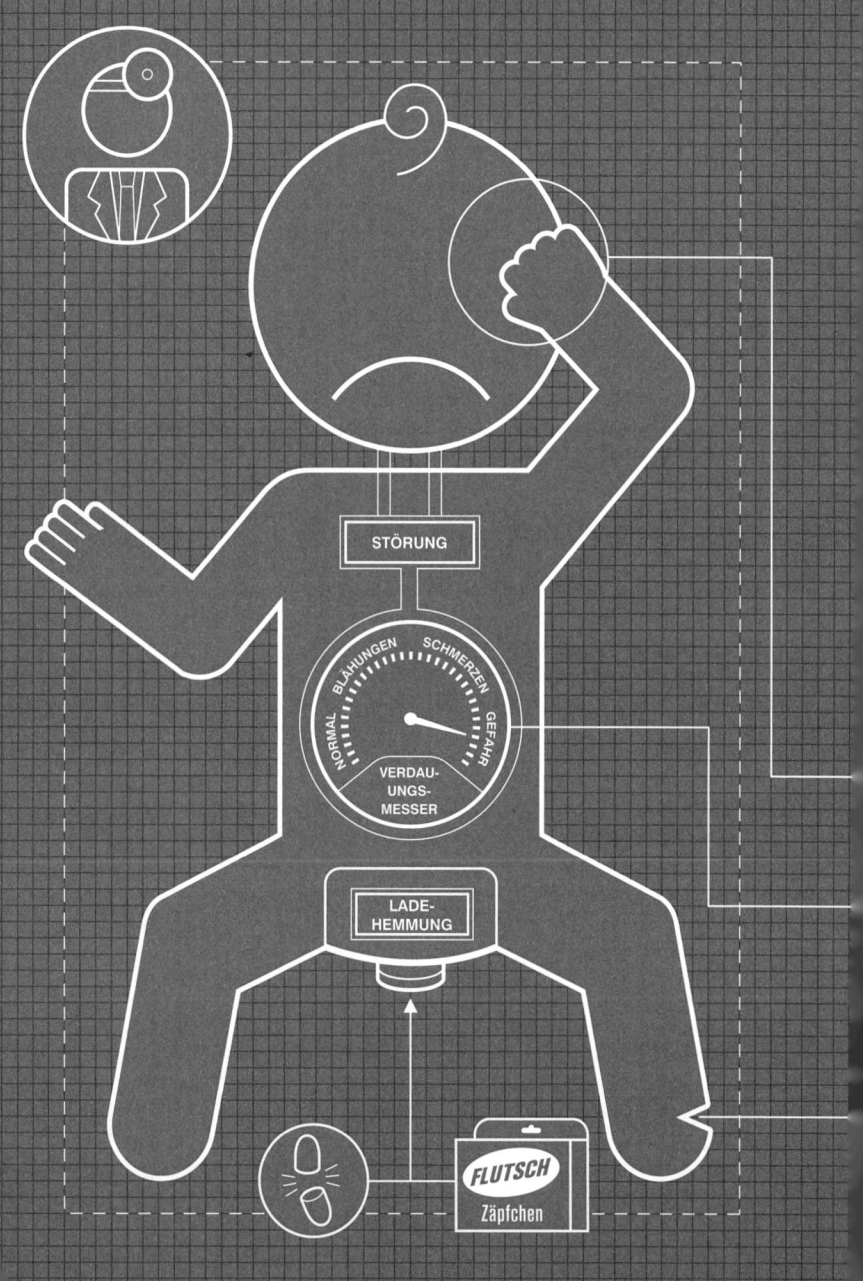

Kapitel 7

Sicherheits-
hinweise und
Notfallversorgung

Umgebung kindersicher machen

Mit ungefähr neun Monaten wird das Baby mobil und beginnt, seine Umgebung zu erkunden. Durch die kindgerechte Einrichtung Ihrer Wohnung gewährleisten Sie weiterhin die Sicherheit Ihres Modells. Hat man das Basiskonzept einer kindersicheren Wohnung verstanden, kann man es auf alle Räume anwenden, in denen sich Baby und User aufhalten.

Generelle Sicherheitsstrategien

[**1**] Suchen Sie alle Gegenstände, die in den Mund gesteckt oder verschluckt werden können, und entfernen Sie diese.

[**2**] Verschließen Sie Steckdosen mit speziellen Sicherungen und verlegen Sie lose Stromkabel hinter Kabelkanälen.

[**3**] Befestigen Sie Türstopper an den Zimmertüren. Diese Vorrichtungen, die im Haushaltswarengeschäft oder Babyfachhandel erhältlich sind, verhindern, dass sich Türen ganz öffnen oder schließen. Sie stellen sicher, dass sich das Baby die Finger nicht in der Tür einklemmen oder sich selbst in einem Raum einschließen kann.

[**4**] Montieren Sie abschließbare Fenstergriffe.

[**5**] Sichern Sie Zugschnüre oder Zugketten für Jalousien oder Rollos. Sie stellen eine Strangulierungsgefahr dar.

[**6**] Montieren Sie Türschutzgitter an Treppen und an Eingängen zu Zimmern, die außerhalb des Aktionsradius des Babys bleiben sollen. Befestigen Sie Türschutzgitter zum Einspannen nur am unteren Treppenabsatz. Am oberen Treppenabsatz sollen diese immer fest in der Wand verankert sein.

[**7**] Schrauben Sie Bücherregale und andere Möbelstücke, die umkippen könnten, an der Wand fest. Sind diese ungesichert, könnten sie samt Inhalt auf das Baby fallen, wenn dieses versucht, sich hochzuziehen.

[8] Saugen Sie die Fußböden und Teppiche häufig. Eingeatmeter Staub oder Schmutz kann zu Funktionsstörungen der Atmung führen. Schmutz, der über die Hände in den Mund des Babys gerät, kann Erkrankungen auslösen.

[9] Installieren Sie Feuerschutzeinrichtungen. Feuerlöscher, Rauch- und Kohlenmonoxidmelder sowie Feuerleitern sollten voll funktionsfähig und leicht zugänglich sein.

[10] Sichern Sie Heizlüfter und Ventilationssysteme. Montieren Sie Plastikschutzgitter zur Vermeidung von Verbrennungen an Ihre Heizlüfter. Gehen Sie bei in den Fußboden eingelassenen Luftschächten sicher, dass die Lüftungsgitter stabil genug sind, das Gewicht des Babys zu tragen. Falls nötig, ersetzen.

EXPERTENTIPP: Bröckelt in Ihrer Wohnung irgendwo Farbe ab, sollten Sie diese auf ihren Bleigehalt testen lassen. Entfernen Sie lose Farbe ebenso wie alle bleihaltigen Materialien.

Küchenstrategien

Das Baby sollte sich beim Kochen und Backen nicht in der Küche aufhalten. Treffen Sie die folgenden Vorsichtsmaßnahmen, um die Küche zu sichern.

[1] Verstauen Sie alle Messer, Plastiktüten und scharfen Küchenutensilien in einer abgeschlossenen Schublade.

[2] Verschließen Sie Reinigungsmittel und alle anderen giftigen Substanzen in hohen Schränken. Der Feuerlöscher muss sich außer Reichweite Ihres Babys befinden.

[3] Sichern Sie alle Geräte. Befestigen Sie einen Sicherheitsriegel am Kühlschrank und Schutzgitter an Herd und Backofen. Vergewissern Sie sich, dass die Sperre am Geschirrspüler richtig funktioniert. Ziehen Sie den Stecker aus der Dose, wenn Sie Geräte nicht mehr verwenden.

[**4**] Denken Sie auch beim Kochen an die Sicherheit. Verwenden Sie zuerst die hinteren Kochstellen und drehen Sie alle Topfgriffe zur Wand.

[**5**] Richten Sie eine babysichere Schublade oder einen Geschirrschrank ein, den das Baby erkunden kann. Füllen Sie ihn mit Holzlöffeln, kleinen Töpfen und Pfannen, Plastikschüsseln und anderen sicheren Gerätschaften.

Badezimmerstrategien

Ein Bad besteht weitgehend aus harten und potentiell rutschigen Flächen. Dem Baby sollte nicht erlaubt werden, es alleine zu erkunden. Für die Zeiten, in denen der User und das Baby sich gemeinsam im Badezimmer aufhalten, sollten folgende Vorkehrungen getroffen werden.

[**1**] Befestigen Sie eine Kindersicherung an Ihrer Toilette. Gewöhnen Sie sich an, Sitz und Deckel zu schließen. Die Sicherung arretiert beide an der Toilettenschüssel.

[**2**] Schließen Sie alle Toilettenartikel weg. Stellen Sie Medikamente, Lotionen, Zahnpasta und Mundwasser in ein Wandschränkchen außer Reichweite des Babys. Sperren Sie den Schrank zusätzlich ab.

[**3**] Montieren Sie Fehlerstrom-Schutz-Steckdosen (FI-Steckdosen). Diese Steckdosen unterbrechen den Stromkreis und schalten den Strom ab, wenn eine Steckdose nass wird oder überlastet ist.

[**4**] Ziehen Sie den Stecker unbenutzter Geräte heraus und räumen Sie diese weg.

[**5**] Werfen Sie potentiell gefährliche Gegenstände wie Rasierklingen oder leere Make-up-Fläschchen nicht in den Abfalleimer.

[**6**] Legen Sie einen Teppich oder Badvorleger auf harte oder gekachelte Böden.

[**7**] Überzeugen Sie sich, dass Ihre Badewanne sicher ist.

Schlafzimmerstrategien

[1] Verbringt das Baby viel Zeit im Bett des Users, sollten Sie ein Bettgitter anbringen, um Stürzen vorzubeugen.

[2] Sichern Sie den Bereich unter dem Bett. Entfernen Sie große Aufbewahrungsboxen, die sich als Falle für das Baby erweisen können. Entfernen Sie kleine Gegenstände, die verschluckt werden können.

Wohnzimmerstrategien

[1] Sichern Sie den Kamin. Befestigen Sie Schutzgitter, die dem Baby den Zugang verwehren. Entfernen Sie bei Gaskaminen oder Gasöfen alle Schlüssel oder Drehknöpfe. Bewahren Sie Streichhölzer außer Reichweite des Babys auf.

[2] Polstern Sie scharfe Ecken und die Kanten niedriger Tische. Überlegen Sie, ob Sie Glas-, Marmor-, Metalltische und quadratische Tische nicht gegen einen runden Holztisch austauschen wollen.

Esszimmerstrategien

[1] Entfernen Sie Tischtücher. Verwenden Sie bei einem festlichen Abendessen oder einer Party ein Tischtuch, entfernen Sie es danach sofort. Zieht das Baby am Tischtuch, können alle Gegenstände auf dem Tisch auf das Kind fallen.

[2] Stellen Sie alle alkoholischen Getränke in einen hohen, abgesperrten Schrank.

Reisestrategien

Auf Reisen ist es wichtig, die neue Umgebung kindersicher zu machen. Behalten Sie das Baby besonders genau im Auge, bis Sie alles gesichert haben.

Zusammenstellen eines Erste-Hilfe-Kastens

Alle User sollten einen Erste-Hilfe-Kasten zusammenstellen, der Instrumente, Pflaster und Utensilien für die Notfallbehandlung des Babys enthält. Einige User werden einen Kasten für die Wohnung, einen weiteren für das Auto und eine Tasche für unterwegs zusammenstellen. Alle sollten schnell greifbar, aber außer Reichweite des Babys sein. Es wird empfohlen, die Erste-Hilfe-Ausrüstung in monatlichen Abständen zu kontrollieren und alle abgelaufenen Medikamente oder überalterten Materialien zu ersetzen. Kaufen Sie eine Plastikbox für die kleinen Sachen und bewahren Sie die großen in unmittelbarer Nähe auf.

Zum Inhalt Ihres Erste-Hilfe-Kastens gehören:

- Verbände, Klebebänder, Wundabdeckungen
- Sterile Mullbinden und Pflaster
- Wattebällchen
- Wattestäbchen
- Selbstklebende Verbände
- Fixierpflaster
- Digitalthermometer
- Verbandsschere
- Pinzette
- Pipette
- Taschenlampe mit Extrabatterien
- Rettungsdecke
- Desinfektionssalbe
- Antibiotische Salbe
- Windel- oder Zinksalbe
- Spray gegen Verbrennungen oder Brandsalbe
- Hydrocortisonsalbe (1% oder weniger)
- Wundcreme
- Seife
- Flasche mit frischem Wasser
- Ibuprofen/Fieberzäpfchen
- Antihistaminika oder andere Antiallergika
- Glycerinzäpfchen
- Hustenreizstiller
- Besondere Medikamente für Ihr Baby
- Instruktionskarte oder Leitfaden für Herz-Lungen-Reanimation und erste Hilfe bei verschluckten Gegenständen (Heimlich-Handgriffe)
- Liste der Notfall-Telefonnummern
- Sterile Desinfektionstücher
- Sterile Handschuhe

Heimlich-Handgriffe und Herz-Lungen-Reanimation

Heimlich-Handgriffe können zur Entfernung eines Gegenstandes ange-wendet werden, der die Luftröhre des Babys blockiert. Hat die Atmung des Babys ausgesetzt, wird eine Herz-Lungen-Animation sie wieder anregen. Alle Eltern und Betreuer sollten mit beiden Behandlungs-methoden vertraut sein. Viele Sanitätsdienste bieten entsprechende Erste-Hilfe-Kurse an.

Identifikation von Atemproblemen

[**1**] Halten Sie nach Warnsignalen Ausschau. Hat das Baby Schwierig-keiten beim Atmen? Läuft es blau an? Macht es erstickte Geräusche, ist es bewusstlos oder reagiert es nicht auf einen Stimulus?

EXPERTENTIPP: Sie können in der Regel hören und/oder spüren, ob das Baby atmet. Halten Sie einen bruchfesten Spiegel an Nase und Mund des Babys, wird sich der Spiegel beschlagen, wenn es atmet.

[**2**] Beauftragen Sie jemanden, den Notarzt anzurufen. Sind Sie allein, machen Sie eine Minute mit den Heimlich-Handgriffen oder der Herz-Lun-gen-Reanimation weiter, rufen den Notarzt und kehren zu Ihrem Baby zu-rück.

[**3**] Versuchen Sie die Situation einzuschätzen. Zeigt das Baby keine At-mung? Ist es mitten in einer Mahlzeit? Sitzt ein Gegenstand in seinem Hals fest? Wenn ja, wenden Sie die Heimlich-Handgriffe an.

Ist die Atmung des Babys teilweise behindert? Keucht, würgt oder hustet es? Wenn ja, beugen Sie das Baby nach vorne, so dass es den festsitzen-den Gegenstand durch die natürlichen Reflexe von Husten und Würgen lösen kann.

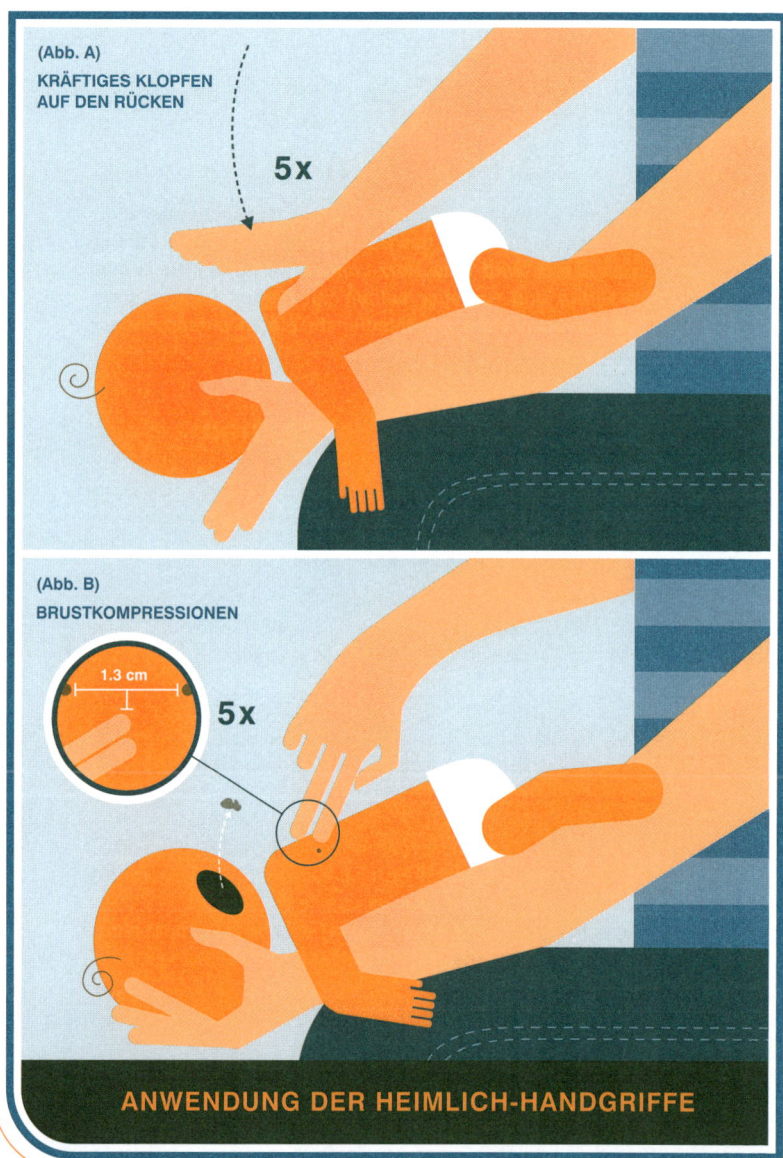

Dauert der Erstickungsanfall länger als zwei bis drei Minuten, rufen Sie den Notarzt. Wenden Sie in dieser Situation nicht die Heimlich-Handgriffe an; Sie riskieren, dass sich der Gegenstand noch stärker verklemmt.

Ist das Baby bewusstlos, ohne dass seine Atemwege blockiert erscheinen, führen Sie eine Herz-Lungen-Reanimation durch.

Wenden Sie weder die Heimlich-Handgriffe noch die Herz-Lungen-Reanimation an, wenn das Baby gerade krank ist oder an Allergien leidet, die seine Atmung beeinträchtigen könnten. Rufen Sie sofort den Notarzt und befolgen Sie seine Anweisungen.

Anwendung der Heimlich-Handgriffe

[1] Setzen Sie sich. Strecken Sie ein Bein aus.

[2] Halten Sie das Baby so, dass es auf dem Bauch liegt, seine Beine sind über Ihren Unterarm gespreizt. Unterstützen Sie Kopf und Nacken mit Ihrer Hand. Stabilisieren Sie Ihren Arm und das Baby mit Ihrem ausgestreckten Bein. Das Baby ist nun so gebeugt, dass der Kopf niedriger liegt als sein Körper.

[3] Mit der anderen Hand klopfen Sie dem Baby auf den Rücken (Abb. A). Geben Sie fünf behutsame, aber kräftige Schläge direkt zwischen die Schulterblätter. Fällt der blockierende Gegenstand heraus, hören Sie mit der Durchführung des Vorgangs auf. Hält der Erstickungsanfall an, gehen Sie zum nächsten Schritt über.

[4] Drehen Sie das Baby, so dass es – mit dem Gesicht nach oben – entlang Ihres ausgestreckten Oberschenkels liegt. Der Kopf ruht an Ihren Knien und ist zu einer Seite gedreht. Diese Stellung winkelt den Körper des Babys so ab, dass der Kopf niedriger als der Körper liegt. Halten Sie Kopf und Nacken.

[5] Machen Sie Brustkompressionen (Abb. B). Stellen Sie sich eine imaginäre waagrechte Linie zwischen den Brustwarzen des Babys vor. Legen Sie zwei Finger ungefähr anderthalb Zentimeter unterhalb dieser imaginären Linie auf das Brustbein des Babys. Drücken Sie fünfmal behutsam, aber kräftig.

[6] Wiederholen Sie Schritt 2 bis 5, bis die Luftröhre frei ist.

[7] Überprüfen Sie die Atmung. Stecken Sie Ihren Finger nicht in den Mund des Babys und tasten Sie nicht von einer Seite zur anderen – dies kann den Gegenstand zurück in den Hals schieben.

[8] Bekommen Sie die Luftröhre nicht frei, wiederholen Sie Schritt 2 bis 7, bis der Notarzt kommt.

Durchführung der Herz-Lungen-Reanimation

[1] Überprüfen Sie den Puls des Babys mit folgenden Handgriffen:
- Nehmen Sie einen Arm und legen Sie ihn in einem 90°-Winkel völlig ausgestreckt neben den Körper des Babys.
- Legen Sie zwei Finger, zwischen der Schulter und dem Ellbogen, auf die Innenseite des Bizeps. Sie sollten den Puls fühlen (Abb. A).

[2] Fühlen Sie einen Puls, ohne dass das Baby atmet, führen Sie Schritt 5 – Mund-zu-Mund-Beatmung – aus. Fühlen Sie keinen Puls, beginnen Sie innerhalb von zehn Sekunden mit der Herz-Lungen-Reanimation in der folgenden Reihenfolge.

[3] Stellen Sie sich eine imaginäre Linie zwischen den Brustwarzen des Babys vor. Legen Sie zwei Finger ungefähr anderthalb Zentimeter unterhalb dieser imaginären Linie genau auf sein Brustbein.

[4] Üben Sie 30 Mal (in ca. 18 Sekunden) Druck auf die Brust aus, sodass diese ca. eineinhalb bis zweieinhalb Zentimeter komprimiert wird.

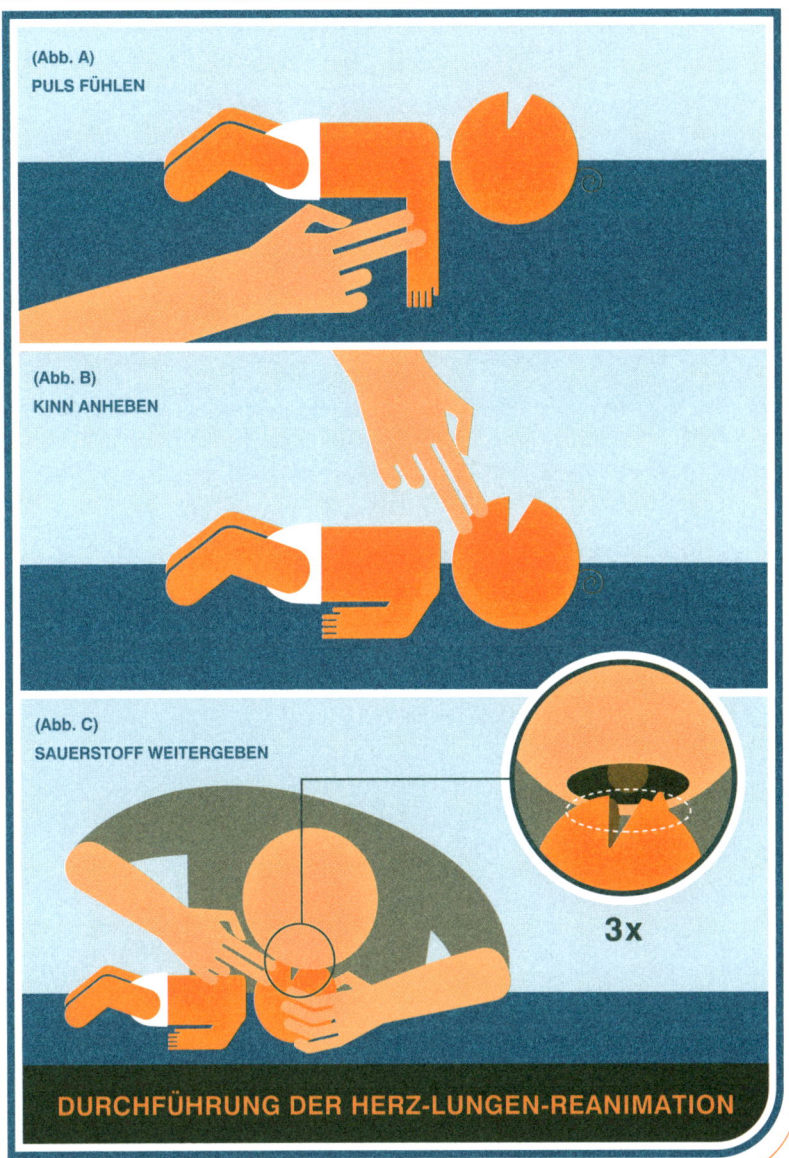

(Abb. A)
PULS FÜHLEN

(Abb. B)
KINN ANHEBEN

(Abb. C)
SAUERSTOFF WEITERGEBEN

3x

DURCHFÜHRUNG DER HERZ-LUNGEN-REANIMATION

[5] Führen Sie eine Mund-zu-Mund-Beatmung durch:
■ Heben Sie das Kinn des Babys, so dass sein Kopf leicht nach hinten kippt (Abb. B).
■ Positionieren Sie Ihren Mund über Nase und Mund des Babys.
■ Geben Sie zwei kurze Atemzüge, alle drei bis fünf Sekunden einen (Abb. C).

⚠ **ACHTUNG:** *Nehmen Sie nur einen Mund voll Luft. Bedenken Sie, dass die Lungen des Babys sehr klein sind. Versuchen Sie, nicht die ganze Luft aus Ihren Lungen an die Lungen des Babys weiterzugeben. Ein Mund voll genügt.*

[6] Beobachten Sie die Brust des Babys. Sie sollte sich heben und senken, wenn Sie die Atemzüge machen. Beginnt das Baby von selbst zu atmen, hören Sie mit der Herz-Lungen-Reanimation auf.

[7] Überprüfen Sie Atmung und Puls des Babys. Sind sie nicht zurückgekehrt, wiederholen Sie Schritt 4, 5 und 6, bis der Notarzt eintrifft. Sind Atmung und Puls wieder erkennbar, gehen Sie zu Schritt 8 weiter.

[8] Nach erfolgreicher Wiederbelebung sollten Sie die Notaufnahme eines Krankenhauses aufsuchen. Das Baby sollte, um weitere Verletzungen auszuschließen, untersucht werden.

Körpertemperatur messen

Die Körpertemperatur des Babys sollte ca. 37° C betragen. Diese Temperatur verändert sich im Laufe des Tages. Am Morgen ist sie niedriger als am Abend.

Die einfachste und genaueste Methode, die Körpertemperatur zu messen, ist das Einführen eines Digitalthermometers in das Rektum des Babys. Traditionelle Glasthermometer können dazu auch verwendet werden, aber sie brechen schnell und können dabei Verletzungen verursachen.

⚠ *ACHTUNG: Babys haben weder die Geduld noch die motorischen Fähigkeiten, ihre Temperatur oral messen zu lassen (Abb. B).*

[1] Bereiten Sie das Thermometer vor. Spülen Sie es mit warmem Wasser ab und trocknen Sie es ab. Tragen Sie eine kleine Menge Wickelcreme oder ein anderes Gleitmittel an der Spitze auf.

[2] Bereiten Sie das Baby vor. Legen Sie es in Rückenlage auf eine flache Unterlage und entfernen Sie Kleidung und Windel. Alternativ können Sie das Baby auch mit dem Bauch über Ihren Schoß legen.

[3] Führen Sie das Thermometer ein. Spreizen Sie die Pobacken und führen Sie das Thermometer nicht weiter als 2,5 cm ein (Abb. A).

[4] Halten Sie das Thermometer zwei Minuten in dieser Position. Schieben Sie sanft die Pobacken zusammen, dies reduziert das Unbehagen des Babys. Die meisten Digitalthermometer piepsen, wenn die Messung beendet ist.

[5] Nehmen Sie das Thermometer heraus. Decken Sie den Po mit einem Tuch oder einer Windel zu.

⚠️ **ACHTUNG:** *Rektale Temperaturmessungen können die Blase und Darm des Babys stimulieren. Legen Sie ein Handtuch unter das Baby, bevor Sie das Thermometer einführen.*

[6] Lesen Sie die Temperatur ab. Ist diese höher als 38° C, verständigen Sie sofort Ihren Service-Provider.

💡 **EXPERTENTIPP:** *Messen Sie die Temperatur in der Achselhöhle (Abb. B), sollten Sie beachten, dass die erfasste Temperatur wahrscheinlich etwas niedriger ist als die im Rektum gemessene. Beurteilen Sie Temperaturveränderungen nur anhand von Messungen, die an derselben Stelle vorgenommen wurden.*

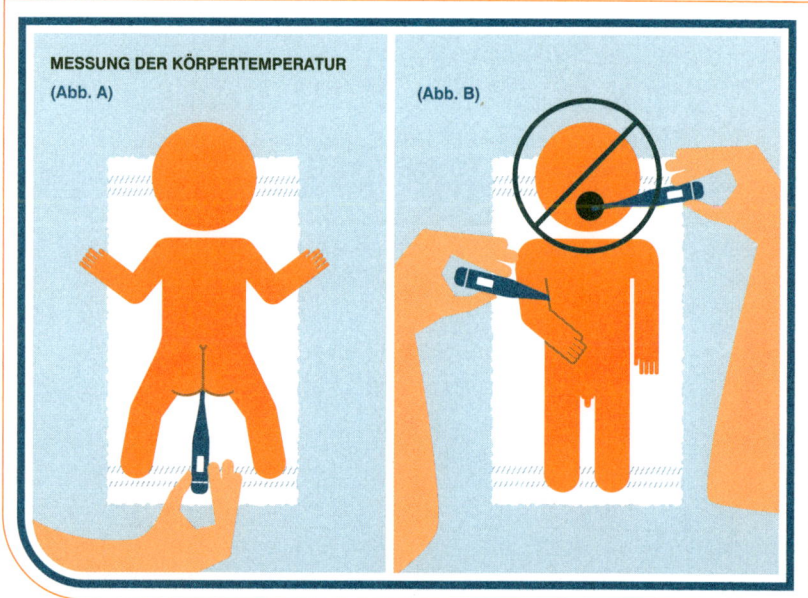

MESSUNG DER KÖRPERTEMPERATUR

(Abb. A)

(Abb. B)

Medizinische Versorgung

Durchschnittlich erkranken die Modelle im ersten Lebensjahr viermal.
Es wird empfohlen, dass User bei den ersten Zeichen einer Krankheit
Verbindung mit ihrem Service-Provider aufnehmen. Der Service-Provider kann eine Diagnose stellen und Krankheiten behandeln oder, falls
nötig, einen Spezialisten empfehlen.

Arzneimittelallergie

Eine Arzneimittelallergie ist eine allergische Reaktion auf ein bestimm-
tes Medikament. Zu den Symptomen einer Arzneimittelallergie zählen
Nesselausschlag, laufende Nase, Atemnot und eine Veränderung der
Hautfarbe. Verständigen Sie sofort Ihren Service-Provider, wenn Sie
glauben, dass das Baby allergisch auf eine Arznei reagiert. Dieser
kann die Medikamentierung des Babys ändern und die Allergie mit
Antiallergika behandeln.

Asthma

Asthma ist eine Erkrankung, die auf die Bronchien des Babys wirkt und
die Atmung behindert. Ein Asthmaanfall kann gravierend sein, wenn er
nicht richtig behandelt wird.

Zu den Symptomen zählen Husten (besonders in der Nacht), pfei-
fender Atem, schnelle oder schwere Atmung (die Bronchialmuskulatur
verkrampft). Der Service-Provider sollte eine Diagnose stellen und
einen Behandlungsweg vorschlagen. Die Häufigkeit der Anfälle kann
eventuell reduziert werden, indem die Belastung durch bestimmte Nahrungsmittel, Medikamente, Schadstoffe, Temperaturveränderungen
oder Allergene verringert wird.

Baby-Akne

Baby-Akne ist eher unschön als gefährlich und verschwindet normalerweise sechs Wochen nach dem Auftreten. Sie zeigt sich in Form kleiner
Pickel auf dem Gesicht des Babys.

Zur Behandlung von Baby-Akne waschen Sie das Gesicht des Babys
täglich mit (milder Seife und) lauwarmem Wasser. Halten Sie die Bett-
laken sauber. Ihr Service-Provider kann Ihnen eine milde kortisonhal-
tige Salbe verschreiben.

Beschneidung

Beschneidung ist ein Eingriff, bei dem die Vorhaut des Penis entfernt
wird. Sie wird vom Kinderarzt oder im Rahmen einer rituellen Beschneidung vorgenommen. Beschneidungen erfolgen entweder im
Krankenhaus oder zu Hause. In den meisten Fällen gibt es keine medi-
zinische Indikation für eine Beschneidung. Aber ein beschnittener
Penis ist für kleine Jungen leichter zu säubern und manche Studien
weisen darauf hin, dass eine Beschneidung das Risiko für Infektionen,
HIV und Peniskrebs mindert.

Eine Beschneidung muss sorgfältig gepflegt werden, damit keine
Infektion entsteht.

[1] Vermeiden Sie Feuchtigkeit. Verwenden Sie zur Säuberung eines
beschnittenen Penis kein Wasser, bis er vollständig verheilt ist. Wischen Sie
ihn vorsichtig mit einem sauberen Tuch ab.

[2] Tragen Sie Wundcreme auf. Streichen Sie eine großzügige Menge
auf die Stelle der Windel, die den Penis berührt. So kann die beschnittene
Stelle besser trocknen und die Eichel verklebt nicht mit der Windel. Wiederholen Sie dies bei jedem Windelwechsel.

[3] Kontrollieren Sie, ob der Penis blutet oder sich entzündet hat. Berühren Sie die beschnittene Stelle nicht, solange sie nicht vollständig verheilt
ist. Kontrollieren Sie, ob sie blutet oder eitert. Benachrichtigen Sie Ihren
Service-Provider, wenn Sie eine Infektion vermuten.

Beulen und blaue Flecken

Beulen und blaue Flecken sollten innerhalb von acht bis zehn Tagen von selbst abheilen. Sofern sie nicht von anderen Symptomen begleitet werden, können sie leicht zu Hause behandelt werden.

[1] Legen Sie einen kalten Waschlappen oder eine kalte Kompresse auf die betroffene Stelle oder direkt daneben. Die Kälte reduziert die Größe der Beule oder des blauen Flecks.

[2] Vermeiden Sie Kontakt mit dieser Stelle, sie ist empfindlich und schmerzhaft. Passen Sie die Halte- und Fütterpositionen entsprechend an.

[3] Beobachten Sie den Heilungsprozess. Beulen werden mit dem Abklingen kleiner, blaue Flecken verändern ihre Färbung von purpur zu gelb und verschwinden dann.

Bindehautentzündung

Eine Bindehautentzündung kann durch eine Infektion oder Allergie verursacht werden. Es kann ein Auge betroffen sein oder beide Augen. Wurde eine Bindehautentzündung durch eine Infektion ausgelöst, ist sie ansteckend. Daher sollten User ihre Hände häufig waschen. Bei richtiger Behandlung klingt eine Bindehautentzündung innerhalb weniger Tage ab.

Zu den Symptomen einer Bindehautentzündung zählen gerötete Augen, Rötungen der Innenseiten der Augenlider und grüne oder gelbe Absonderungen aus den betroffenen Bereichen. Das Baby wird versuchen, seine Augen zu reiben – hindern Sie es daran, vielleicht, indem Sie es pucken. Haben Sie den Verdacht, dass das Baby an Bindehautentzündung erkrankt ist, sollten Sie es von anderen Kindern fernhalten und Ihren Service-Provider verständigen.

Blähungen

Blähungen sind das Ergebnis von Luftblasen, die sich im Verdauungstrakt des Babys bilden. Diese Beschwerden treten meist während oder nach dem Füttern auf und vergehen in der Regel von selbst. Zu den Symptomen zählen Aufstoßen, Blähbauch, Weinen und Anziehen der Beine an den Unterleib.

Zur Reduzierung der Gase lassen Sie das Baby nach jedem Füttern Bäuerchen machen. Solange Sie stillen, verzichten Sie auf blähende Nahrungsmittel wie Bohnen und Kohl. Halten Sie das Baby so, dass das Aufstoßen unterstützt wird. Ihr Service-Provider kann dem Baby gegebenenfalls Anti-Blähungstropfen verschreiben.

Dehydrierung

Dehydrierung wird durch eine Unausgewogenheit zwischen dem Input und Output des Flüssigkeitssystems des Babys verursacht – genau genommen gibt das Baby mehr Flüssigkeit ab, als es zugeführt bekommt. Sie kommt bei Durchfall oder Brechdurchfall oder anhaltendem Fieber vor.

Zu den Symptomen einer milden Dehydrierung zählen verminderte Urin-Ausscheidung (weniger als drei bis vier nasse Windeln am Tag), Weinen mit wenigen oder gar keinen Tränen, Lethargie, Gewichtsverlust und aufgesprungene Lippen. Verstärken Sie die Flüssigkeitszufuhr (Wasser oder Fertigmilch). Erhöhen Sie Zahl oder Dauer der Stillmahlzeiten. Verwenden Sie Elektrolytlösung für Kinder (in der Apotheke erhältlich), wenn das Baby mit der Flasche gefüttert wird. Konsultieren Sie frühzeitig Ihren Service-Provider.

Durchfall

Durchfall ist eine Erkrankung, bei der sich Konsistenz und Anzahl des Outputs des Babys verändern. Der Zustand, von Bakterien oder Viren verursacht, dauert meist fünf bis sieben Tage.

Zu Durchfallsymptomen gehört ein vermehrter Stuhlgang mit wässriger Konsistenz. Der Output riecht meist durchdringender als gewöhnlich. Kontaktieren Sie Ihren Service-Provider, wenn Sie vermuten, dass das Baby unter Durchfall leidet, oder Sie Blut oder Schleim in seinen Ausscheidungen bemerken.

[**1**] Waschen Sie den Windelbereich mit Wattebällchen und warmem Wasser, um eine Reizung beim häufigen Wickeln zu verhindern.

[**2**] Sorgen Sie für leicht verdauliche Nahrung und verstärkte Flüssigkeitszufuhr durch vermehrtes oder längeres Stillen. Wird das Baby mit der Flasche gefüttert, reduzieren Sie, bei gleich bleibender Wassermenge, die Menge des verwendeten Milchpulvers auf die Hälfte. Bieten Sie dem Baby eine Flasche mit Elektrolytlösung für Kinder an. Wenn die Frequenz des Durchfalls abnimmt, kann man, falls schon eingeführt, langsam wieder feste Kost geben.

[**3**] Beobachten Sie Ihr Kind auf Anzeichen von Dehydrierung.

[**4**] Ergänzen Sie die Babymahlzeit um einen Löffel Joghurt. Die Joghurtkulturen helfen bei der Stuhlregulierung.

Erbrechen

Erbrechen kann durch Nahrungsmittelunverträglichkeit, Magen-Darm-Beschwerden, Reflux, Kopfverletzungen, Meningitis oder andere Ursachen ausgelöst werden. Die Dauer des Erbrechens ist auch von der begleitenden Erkrankung abhängig. Kontaktieren Sie Ihren Service-Provider, wenn sich das Baby erbricht, und folgen Sie den Richtlinien zur Behandlung eines dehydrierten Babys.

Fieber

Die meisten Service-Provider gehen davon aus, dass niedriges Fieber gut für das Baby ist, weil es die Reproduktion der Viren verlangsamt und so eine Verschlechterung der Krankheit verhindert. Daher empfehlen viele Service-Provider die Behandlung des Fiebers erst ab 38,5° C.

⚠ *ACHTUNG: Sprechen Sie mit Ihrem Service-Provider, wenn das Baby jünger als drei Monate ist und das Fieber über 38,5 ° C steigt.*

[**1**] Fühlen Sie die Stirn des Babys – fühlt sie sich warm an, messen Sie die Körpertemperatur. Folgen Sie den Richtlinien zum Messen der Temperatur bei Babys.

[**2**] Wenden Sie sich an Ihren Service-Provider, wenn die Körpertemperatur zwischen 38,5° C und 39,5° C liegt. Es wird empfohlen, alle vier Stunden kleine Dosierungen von Ibuprofen zu verabreichen, bis das Fieber sinkt; sprechen Sie darüber mit Ihrem Service-Provider.

[**3**] Bei einer Körpertemperatur über 40° C hat das Baby hohes Fieber. Der Service-Provider sollte sofort verständigt werden. Waschen Sie es mit warmem Wasser ab, es verdunstet schneller und kühlt das Baby schneller als kaltes Wasser. Geben Sie ihm alle vier Stunden ein Fieberzäpfchen. Bleibt das Fieber so hoch, hat das Baby vermutlich einen weiteren Infektionsherd.

Geburtsmal und Geburtsausschlag

Geburtsmale und -ausschläge sind Veränderungen in der Pigmentierung der Babyhaut. Sie sind kein Gesundheitsrisiko, sollten aber in den ersten Lebenswochen identifiziert werden, damit sie später nicht mit Blutergüssen oder lokalen Ausschlägen verwechselt werden.

Einige Male verschwinden innerhalb von Wochen, andere benötigen Jahre. Haben Sie bei einem Mal Bedenken, sprechen Sie darüber mit Ihrem Service-Provider.

GEBURTSMALE UND -AUSSCHLÄGE

1 Storchenbiss
2 Milien (Hautgrieß)
3 Neugeborenenexanthem
4 Café-au-lait-Flecken
5 Mongolenfleck

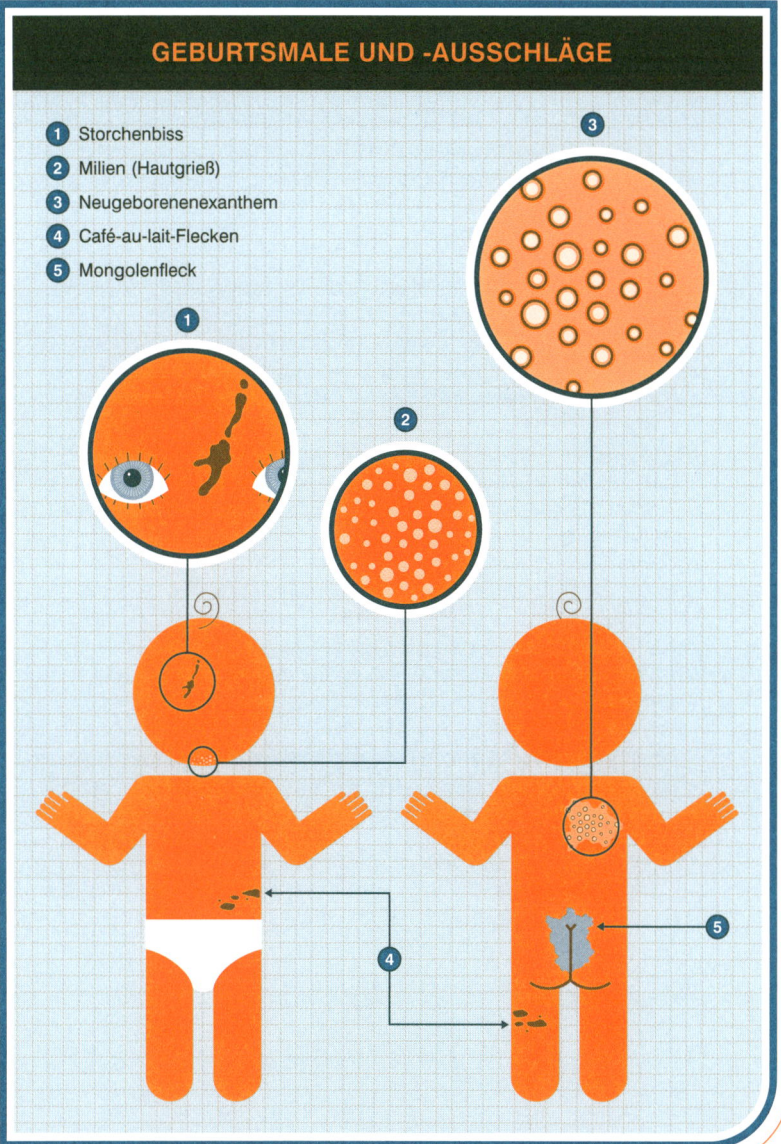

Mongolenfleck: Diese bläulich-grünen Male, die fälschlicherweise oft für blaue Flecken gehalten werden, findet man typischerweise in der Nähe der Pobacken und/oder am unteren Rücken. Mongolenflecken treten häufiger bei Babys afrikanischer und asiatischer Herkunft auf, können jedoch bei jedem Modell vorhanden sein. Die Flecken sind normalerweise im Alter von zwei bis drei Jahren verblasst.

Storchenbiss: Diese pink- oder lachsfarbenen Flecken werden oft mit Ausschlag verwechselt. Sie treten typischerweise im Nacken, auf der Stirn, an der Nase oder an den Augenbrauen auf. Diese Flecken können sich verstärken, wenn das Baby weint oder Fieber hat. Normalerweise verschwinden sie nach circa sechs Monaten.

Neugeborenenexanthem: Diese gelblich-weißen, rotumrandeten, mit Flüssigkeit gefüllten, harmlosen „Bläschen" werden manchmal für eine Infektion gehalten. Sie können sich in den ersten Lebenswochen des Babys auf dem ganzen Körper ausbreiten – aber normalerweise verschwinden sie nach etwa drei Wochen.

Milien (Hautgrieß): Diese gelblich-weißen Bereiche treten typischerweise auf der Nase des Babys auf. Es handelt sich um kleine Zysten aus Hornmaterial, die sich an den Talgdrüsenausgängen bilden. In der Regel sind sie drei Wochen nach Auftreten wieder verschwunden.

Café-au-lait-Flecken: Diese hellbraunen Flecken können am Rumpf oder an den Extremitäten des Babys auftreten. Wenn Sie mehr als sechs dieser Flecken feststellen, suchen Sie Ihren Service-Provider auf.

Impfreaktionen

Die Standardimpfungen, die Ihr Service-Provider verabreicht, können beim Baby Allergien oder andere Reaktionen hervorrufen. Obwohl selten, treten Reaktionen am häufigsten bei der Dreifachimpfung von Diphtherie, Keuchhusten und Tetanus auf. Wirkungen zeigen sich sofort oder kurz nachdem das Baby die Spritze bekommen hat. Sie sind leicht zu behandeln.

Zu den Symptomen der Dreifachimpfung (und anderer Impfungen) zählen: Fieber, Reizbarkeit, Schwellung oder Rötung in der Nähe der Impfstelle. Rufen Sie sofort den Notarzt, wenn Sie glauben, dass das Baby an einer starken Impfreaktion leidet – besonders wenn die Atmung betroffen ist. Bei weniger ernsten Symptomen kann der User den Service-Provider benachrichtigen.

Lindern Sie die Symptome einer leichten Impfreaktion, indem Sie folgende Schritte einleiten.

[1] Sprechen Sie mit Ihrem Service-Provider. Er empfiehlt unter Umständen Ibuprofen gegen das Fieber und den Unruhezustand.

[2] Legen Sie eine kalte oder warme Kompresse auf die Impfstelle. Einige Modelle ziehen eine warme Packung zur Schmerzlinderung vor, andere Modelle wollen eine kühle Packung. Versuchen Sie beides, um zu entscheiden, welche sich mit Ihrem Modell verträgt. Prüfen Sie vor dem Auflegen der Kompresse die Temperatur, um eine Verletzung der Babyhaut zu vermeiden.

EXPERTENTIPP: Ihr Service-Provider vereinbart regelmäßige Termine, bei denen das Baby geimpft wird. Diese Updates finden in der Regel mit zwei, vier, sechs und zwölf Monaten statt.

Insektenbisse und Insektenstiche

Insektenbisse oder -stiche sind nur dann gefährlich, wenn das Baby eine schwere allergische Reaktion zeigt. Zu schweren allergischen Reaktionen zählen Bauchschmerzen, Erbrechen, Atemnot oder Nesselausschlag (an anderen Stellen als der Einstichstelle). Setzen Sie sich bei diesen Reaktionen sofort mit Ihrem Service-Provider in Verbindung. Eine leichte Reaktion wie Jucken an der Biss- oder Stichstelle kann mit kalten Kompressen behandelt werden. Kühlen Sie die Stelle mindestens 15 Minuten oder so lange, wie es das Baby zulässt.

⚠ *ACHTUNG: Testen Sie die Temperatur der Kompresse an Ihrer eigenen Haut, bevor Sie diese dem Baby auflegen. Legen Sie eine Eispackung niemals direkt auf die Haut. Wickeln Sie diese vorher in ein trockenes Handtuch.*

Kolik

Kolik ist ein Begriff, der eine Reihe von Symptomen beschreibt, die dem Baby Beschwerden verursachen. Die genauen Gründe einer Kolik sind nicht klar, aber die Beschwerden treten selten über den zweiten oder dritten Betriebsmonat hinaus auf.

Zu den Symptomen einer Kolik zählen häufiges Aufwachen, untröstliches Weinen sowie Beschwerden durch Blähungen. Benachrichtigen Sie Ihren Service-Provider, wenn Sie vermuten, dass Ihr Baby an Koliken leidet. Er kann Ihrem Baby eventuell Tropfen gegen die Blähungen verschreiben. Sie können auch die folgenden Techniken anwenden.

[1] Beruhigen Sie das Baby. Wechseln Sie sich, in 10-Minuten-Abstän-
den, mit einer anderen Person ab. Schaukeln und wiegen Sie das Baby.
Gehen Sie auf und ab. Jede Bewegung kann es ablenken. Tragen Sie das
Baby in einer Babytrage oder unternehmen Sie eine Autofahrt.

[2] Üben Sie leichten Druck auf den Bauch des Babys aus. Das kann ihm
helfen, Luft freizusetzen. Legen Sie das Baby so, dass es einen Arm ab-
spreizt. Oder Sie lehnen sich an einem Stuhl oder auf dem Sofa zurück und
wiegen das Baby so, dass sein Bauch an Ihren Rippen liegt.

[3] Verzichten Sie in der Stillzeit auf blähende Nahrungsmittel wie Kohl,
Bohnen und kohlensäurehaltige Getränke.

*EXPERTENTIPP: Jeder User hat einen persönlichen Trick im Umgang
mit Koliken. Einige setzen auf Babymassage und warme Bäder, andere plä-
dieren für häufiges Füttern. Ihr Service-Provider unterstützt Sie mit weiteren
Vorschlägen.*

Krupp

**Krupp ist eine Viruserkrankung, die den Kehlkopf des Babys angreift.
Kruppsymptome treten am stärksten in der ersten Nacht auf und klingen nach einigen Tagen ab.**

**Zu den Symptomen zählen bellender Husten, eine heisere Kehle,
Stridor (keuchende Geräusche beim Einatmen), Fieber, beschleunigte
Atmung, wächserne Hautfarbe und Lethargie. Kontaktieren Sie Ihren
Service-Provider, wenn Sie glauben, dass Ihr Baby Krupp hat. Ein Tem-
peraturwechsel hilft oft bei Kruppsymptomen. Gehen Sie mit dem Baby
in ein dampfendes Badezimmer oder an die Nachtluft.**

Milchschorf

Milchschorf ist eine Hautveränderung am Kopf des Babys. Er zeigt sich auf der Kopfhaut in Form von gelben Schuppen, die sich gelegentlich bis zum Gesicht hinziehen. Normalerweise verschwindet der Milchschorf bis zum dritten Betriebsmonat.

Sprechen Sie mit Ihrem Service-Provider, wenn Sie vermuten, dass Ihr Baby Milchschorf hat. Die folgenden Wartungsroutinen können ebenfalls helfen, Milchschorf zu behandeln.

[**1**] Geben Sie vor dem Shampoonieren Olivenöl auf die Kopfhaut des Babys. Nehmen Sie ein kaltgepresstes Olivenöl ohne chemische Bestandteile. Massieren Sie das Öl ca. 20 Sekunden in die Kopfhaut ein.

[**2**] Waschen Sie den Kopf des Babys einmal täglich mit einem milden Antischuppen-Babyshampoo. Möglicherweise müssen Sie die Haare zweimal waschen, um das Olivenöl völlig zu entfernen; nehmen Sie für den zweiten Waschgang ein mildes Babyshampoo.

[**3**] Bürsten Sie die losen Schuppen mit einer weichen Babyhaarbürste aus.

Mittelohrentzündung

Ohrinfekte sind das Ergebnis einer viralen oder bakteriellen Infektion im Mittelohr. Leichte Ohrinfektionen können zwischen drei und fünf Tagen dauern oder über mehrere Wochen hinweg immer wieder auftreten. Dauert eine Mittelohrentzündung länger als fünf Tage, sollten Sie Kontakt mit Ihrem Service-Provider aufnehmen.

Zu den Symptomen einer Mittelohrentzündung zählen untröstliches Weinen, Greifen nach dem Ohr und Fieber. Wenden Sie sich an Ihren Service-Provider, wenn Sie vermuten, dass Ihr Baby an einem Ohrinfekt leidet.

Zwei Drittel aller Mittelohrentzündungen sind viral bedingt und können mit normalen Medikamenten behandelt werden, ein Drittel ist bakteriell verursacht und muss mit Antibiotika behandelt werden. Kommen

die Beschwerden schnell und bringen Lageveränderungen keine Verbesserungen, ist dies ein Hinweis auf eine bakterielle Mittelohrentzündung. Suchen Sie sofort Ihren Service-Provider auf. Füttern Sie das Baby, während es Antibiotika erhält, mit Joghurt, um die Magenbakterien in Balance zu halten. Es ist nicht ungewöhnlich, dass die Behandlung einer Ohrinfektion einen ganzen Monat dauert.

EXPERTENTIPP: Ein Tropfen Olivenöl kann eine kurzfristige Erleichterung bringen. Verwenden Sie eine Augenpipette, um einen Tropfen in jedes Ohr des Babys zu geben. Lassen Sie das Öl von selbst in den Ohrtubus laufen. Es kann das Baby beruhigen, bis Ihr Service-Provider eine längerfristige Lösung anbieten kann.

Nabelschnurrest

Bei der Lieferung Ihres Babys werden Sie ein Stück Nabelschnur bemerken, das ca. einen Zentimeter aus dessen Nabel herausragt. Wird der Nabelschnurrest immer trocken und sauber gehalten, sollte er innerhalb von zwei Wochen eintrocknen und dann abfallen. Manchmal kommt es zu Infektionen des Stummels – dies ist ein medizinischer Notfall. Der Nabelschnurrest ist eine direkte Verbindung in die Blutbahnen des Babys, eine Infektion würde sich sehr schnell ausbreiten.

Zu den Symptomen eines infizierten Nabelschnurrestes zählen Rötungen oder Schwellungen um den Nabel, eiterähnliche Absonderungen und Fieber. Vermuten Sie, dass sich der Nabelschnurrest entzündet hat, sollten Sie Ihren Service-Provider aufsuchen, der Ihr Baby unter Umständen in ein Krankenhaus einweist oder Antibiotika verschreibt.

Nervöses Zucken

Nervöse Zuckungen sind unfreiwillige Nervenimpulse, die leichte Muskelbewegungen (gewöhnlich in den Armen und Beinen) hervorrufen, die als Zittern fehlinterpretiert werden können. Dieser Zustand tritt bei Neugeborenen häufig auf; die Zuckungen sind gewöhnlich zwischen dem dritten und sechsten Betriebsmonat verschwunden. Scheint Ihr Baby unter besonders heftigen Zuckungen zu leiden, sollten Sie Ihren Service-Provider aufsuchen.

Reflux

Reflux entsteht durch Magensäure, die wegen einer nicht ganz geschlossenen Klappe zwischen der Speiseröhre und dem Magen des Babys in die Speiseröhre zurück gelangt. Diese Beschwerden treten meist in den ersten Lebenswochen auf und können einige Monate anhalten.

Zu den Symptomen zählen Aufstoßen und Erbrechen von Flüssigkeiten gleich nach dem Verzehr, Reizbarkeit, häufiges Weinen, Bauchschmerzen, die sich nicht lindern lassen, Rückenschmerzen und häufige, aber kurze Nahrungsaufnahme. Sprechen Sie mit Ihrem Service-Provider, wenn Sie vermuten, dass Ihr Baby unter Reflux leidet. Er kann ein Andicken der Babynahrung mit Reisflocken und eine aufrechte Fütter- und Schlafposition empfehlen und/oder eine Bandbreite von säurebindenden Medikamenten verschreiben.

RSV – Respiratorische-Synzytial-Viren

Respiratorische-Synzytial-Viren sind eine Lungen-Virusinfektion, die typischerweise vor allem die Atemwege und nicht die Lunge beeinträchtigt. Die meisten Kinder, die von RSV betroffen sind, sind jünger als ein Jahr. Diese Infektion ist sowohl für Babys als auch für Erwachsene ansteckend, wobei der Krankheitsverlauf bei Säuglingen häufig schwerer ist.

Zu den Symptomen von RSV gehören Husten, viel zäher Schleim, schnelle Atmung (mehr als 30 bis 40 Atemzüge pro Minute), Fieber und Atemgeräusche. Benachrichtigen Sie sofort den Kinderarzt, wenn Sie befürchten, dass Ihr Kind RSV hat.

Schluckauf

Schluckauf ist bei Neugeborenen sehr verbreitet. Die Ursache ist eine vorübergehende Fehlsteuerung im Zwerchfell des Babys. Zum Beenden des Schluckaufs können Sie folgende Methoden ausprobieren.

⚠ *ACHTUNG: Versuchen Sie nicht, den Schluckauf des Babys mit bei Erwachsenen üblichen Methoden zu beenden. Versuchen Sie nicht, seine Luft anzuhalten oder es mit einem lauten Geräusch zu erschrecken.*

■ Pusten Sie dem Baby ins Gesicht. So atmet es vielleicht schneller und verändert damit die Bewegung seines Zwerchfells.
■ Füttern Sie das Baby. Das regelmäßige Schlucken und Atmen kann das Zwerchfell neu justieren.
■ Nehmen Sie das Baby mit nach draußen. Ein plötzlicher kühler Luftschwall kann den Atemrhythmus verändern.

Schnittverletzungen

**Schnitte sind Hautverletzungen, die durch scharfe Gegenstände ver-
ursacht werden. Schnitte heilen normalerweise in acht bis zehn Tagen
ab. Eine verlängerte Heilungsdauer könnte ein Indiz für eine begleiten-
de Infektion sein.**

**Zu den Symptomen eines infizierten Schnittes gehören Blutungen,
Rötung, Schwellung oder Eiterabsonderungen in der Nähe des Schnitts.
Setzen Sie sich mit Ihrem Service-Provider in Verbindung, wenn Sie
vermuten, dass sich der Schnitt Ihres Babys infiziert hat oder die Blutung nicht aufhört.**

[1] Waschen Sie die Wunde mit milder Seifenlauge. Nach dem Stoppen
der Blutung lassen Sie die Wunde an der Luft trocknen und gehen zu
Schritt 3 über.

[2] Blutet der Schnitt, üben Sie direkten Druck auf ihn aus. Nehmen Sie
eine sterile, weiche Mullkompresse. Drücken Sie die Haut zusammen, wenn
Sie behutsam auf den Schnitt pressen. Prüfen Sie nach einigen Minuten, ob
die Blutung aufgehört hat.

[3] Tragen Sie einen kleinen Tupfer antibiotische Salbe auf die betroffene
Stelle auf.

[4] Legen Sie einen Verband an. Beobachten Sie den Verband, um sicherzustellen, dass er sich nicht löst. Lose Verbände stellen eine Gefahr für
das Baby dar.

[5] Wechseln Sie den Verband täglich. Entfernen Sie ihn unter laufendem
Wasser oder beim Baden, damit die Ablösung weniger schmerzhaft ist.
Wiederholen Sie alle Schritte, bis der Schnitt verheilt ist.

Schnupfen

Von Schnupfen spricht man, wenn die Nasengänge behindert oder durch Schleim verstopft sind. Dies sind typische Symptome einer Erkältung, Allergie oder des Zahnens und sollten aufgrund des begleitenden Zustands geklärt werden.

[1] Hat das Baby dünnflüssigen Nasenschleim, gehen Sie zu Schritt 2 weiter. Bei eingetrocknetem Schleim verschreibt der Service-Provider salzhaltige Nasentropfen, die die Verkrustung und die Verstopfung lösen.
- Geben Sie einen Tropfen in jedes Nasenloch.
- Wahrscheinlich beginnt das Baby zu weinen. Trösten Sie es.

[2] Zum Entfernen des Schleims aus den Nasenlöchern des Babys benötigen Sie einen Nasensauger, den Sie im Drogeriemarkt oder im Babyfachhandel erhalten.
- Drücken Sie den Saugball zusammen.
- Führen Sie die Spitze in das Nasenloch ein.
- Lassen Sie den Saugball los.
- Ziehen Sie die Spitze zurück.
- Entfernen Sie den Schleim mit einem Handtuch oder Taschentuch.
- Am anderen Nasenloch wiederholen.

[3] Wischen Sie die Nase mit einem weichen Tuch oder Taschentuch ab. Tragen Sie an den Nasenöffnungen Salbe auf, damit die Haut nicht wund wird.

Verstopfte Tränenkanäle

Blockaden in den Tränenkanälen können zu Infektionen führen. Diese Infektionen sind nicht ansteckend; verstopfte Tränenkanäle klingen in der Regel etwa im neunten Betriebsmonat wieder ab.

Zu den Anzeichen verstopfter Tränenkanäle zählen wässrige oder schleimige Absonderungen aus einem Auge oder beiden Augen. Vermuten Sie, dass ein Tränenkanal blockiert ist, wischen Sie den Ausfluss mit einem weichen Tuch und warmem Wasser ab. Sprechen Sie mit Ihrem Service-Provider, der Ihrem Baby gegebenenfalls antibiotische Augentropfen verschreibt.

Verstopfung

Verstopfung ist ein Zustand, der sich störend auf den regelmäßigen Output des Verdauungssystems des Babys auswirkt. Dieser Zustand kann eine unbegrenzte Zeit anhalten, ist jedoch meist nicht besorgniserregend, wenn er richtig behandelt wird.

Zu seinen Symptomen zählen unregelmäßiger oder sehr großer, harter Stuhlgang oder ein längerer Zeitraum ohne Verdauung (fünf oder mehr Tage). Setzen Sie sich mit Ihrem Service-Provider in Verbindung, wenn Sie vermuten, dass das Baby unter Verstopfung leidet, oder versuchen Sie eine der folgende Methoden.

[1] Messen Sie die Körpertemperatur. Das Thermometer könnte die Darmtätigkeit des Babys stimulieren.

[2] Führen Sie dem Baby ein Glyzerinzäpfchen ein. Diese sind in der Apotheke erhältlich. Beginnen Sie mit einem halben Zäpfchen und reinstallieren Sie die Windel. Innerhalb von 30 Minuten sollte es zu einem Ergebnis kommen.

[3] Sorgen Sie für ausreichende Flüssigkeitszufuhr. Stellen Sie sicher, dass das Baby genügend trinkt, damit der Stuhlgang weich bleibt. Das bedeutet in der Regel ca. 100 ml pro kg Körpergewicht.

[4] Passen Sie die Ernährung des Babys an. Reduzieren Sie oder verzichten Sie ganz auf stopfende Nahrungsmittel wie Bananen, Birnen oder Reis.

[5] Wechseln Sie die Fertigmilch, falls Sie Ihr Kind mit Fertigmilch füttern. Wählen Sie eine Fertigmilch mit niedrigem Eisengehalt oder Sojamilch, bis sich die Verstopfung gegeben hat.

Windpocken

Windpocken sind eine virale Infektion, die einen Ausschlag verursacht. Bis der ganze Schorf abgefallen ist, sind Windpocken hoch ansteckend für jeden, der sie noch nicht hatte (oder nicht dagegen geimpft ist).

Der Ausschlag zeigt sich anfangs als rote Punkte, die innerhalb von 24 Stunden zu Bläschen und Schorf werden. Alle Pusteln haben in der Regel innerhalb von drei bis fünf Tagen einen Schorf gebildet. Die Pusteln sind extrem juckend und verursachen große Beschwerden. (Viele User tragen zur Linderung einen Brei aus Haferflocken auf.) Setzen Sie sich mit Ihrem Service-Provider in Verbindung, wenn Sie glauben, dass das Baby Windpocken hat, und vermeiden Sie jeden Kontakt mit anderen Kindern.

Zahnen

Im Lieferumfang des Babys sind vorinstallierte Zähne enthalten, die automatisch in der zweiten Hälfte des ersten Lebensjahres aus dem Gaumen hervortreten. Dieser Prozess ist als Zahnen bekannt und wird dem Baby Schmerzen verursachen.

Zu den Symptomen des Zahnens gehören übermäßiger Speichelfluss, Beißen auf harte Gegenstände, nächtliches Erwachen, allgemeine körperliche Unruhe, gelegentlich auch Verstopfung, eine laufende Nase, Durchfall oder leichtes Fieber. Es gibt wenig, was der User zur Behandlung des Zahnens tun kann. Er kann die Zahl der Schlafphasen erhöhen oder dem Baby kalte Gegenstände, wie gefrorenen Sellerie oder einen Waschlappen, zum Kauen geben. Ihr Service-Provider empfiehlt unter Umständen kleine Dosen von Ibuprofen oder ein anderes geeignetes Medikament.

Schutz vor dem Plötzlichen Kindstod (Sudden Infant Death Syndrome – SIDS)

Plötzlicher Kindstod ist der völlig überraschende Tod eines ansonsten gesunden Babys. Obwohl die Ursachen des Plötzlichen Kindstods unbekannt sind, haben mehrere Forschungsinstitute Richtlinien zur Reduzierung der SIDS-Risiken aufgestellt. Sprechen Sie mit Ihrem Service-Provider über die neuesten Erkenntnisse. Kinderärzte geben zur Minderung der Risiken des Plötzlichen Kindstods die folgenden wichtigen Empfehlungen:

- Legen Sie das Baby zum Schlafen auf den Rücken.
- Lassen Sie es auf einer harten Matratze schlafen.
- Entfernen Sie Stofftiere, Kissen und schwere Decken aus der Schlafumgebung. Lassen Sie Ihr Baby am besten in einem passenden Kinderschlafsack schlafen.
- Ziehen Sie das Baby nicht zu warm an. Die Zimmertemperatur sollte bei angenehmen 20 – 22° C liegen, ab dem vierten Monat niedriger (16 – 18° C).
- Stillen Sie das Baby, wenn Sie dazu in der Lage sind, anstatt es mit der Flasche zu füttern.
- Setzen Sie das Baby keinem Tabakrauch aus.
- Bitten Sie Ihre Besucher, sich die Hände zu waschen, bevor sie das Baby auf den Arm nehmen.

- Halten Sie das Baby von Besuchern mit Atemwegserkrankungen fern.
- Legen Sie das Baby in Wachphasen auf den Bauch.

⚠ **ACHTUNG:** *Das Risiko des Plötzlichen Kindstods ist zwischen dem ersten und vierten Lebensmonat am höchsten. Ein erhöhtes Risiko besteht außerdem, wenn das Baby als „Frühchen" auf die Welt kam, die Mutter in der Schwangerschaft unverordnete Medikamente eingenommen hat oder bereits ein Geschwisterkind an Plötzlichem Kindstod gestorben ist.*

Erkennen ernsthafter Erkrankungen

Alle Eltern sollten die Symptome von Krämpfen, Lungenentzündung und Meningitis erkennen. Folgen Sie den unten stehenden Anweisungen, wenn Ihr Kind erste Symptome zeigt, und verständigen Sie sofort Ihren Kinderarzt.

⚠ **EXPERTENTIPP:** *Vertrauen Sie Ihren Instinkten. Zögern Sie nicht, Ihren Service-Provider anzurufen, wenn Sie glauben, dass Ihr Kind ernstlich erkrankt ist.*

Krämpfe

Krämpfe entstehen, wenn außergewöhnliche elektrische Aktivitäten im Gehirn neuromuskuläre Aktivitäten im Körper auslösen. Krämpfe können viele verschiedene Ursachen haben, einschließlich Meningitis, Stoffwechselstörungen, Kopfverletzungen, Geburtsfehler und/oder Fieber. Die meisten Krämpfe treten jedoch ohne erkennbare Ursache auf.

Bei einem Krampf zittern Arme und Beine des Babys über einen längeren Zeitraum – zwischen 30 Sekunden und zehn Minuten – unkontrolliert. Während oder nach dem Krampf kann das Baby erbrechen, die Kontrolle über Blase und Darm verlieren und müde sein.

Halten Sie das Baby zur Behandlung eines Krampfes in Seitenlage. Dies verhindert bei Erbrechen, dass es erstickt. Stecken Sie dem Baby keinen Schnuller oder etwas anderes in den Mund – halten Sie die Atemwege frei. Setzen Sie sich mit Ihrem Service-Provider in Verbindung, sobald der Krampf vorbei ist.

⚠ *ACHTUNG: Rufen Sie sofort den Notarzt, wenn der Krampf länger als zwei Minuten dauert oder die Atmung des Babys beeinträchtigt erscheint.*

Lungenentzündung

Lungenentzündung ist eine virale oder bakterielle Entzündung der Lungen. Die Entzündung beeinträchtigt die Alveolen – die Lungenbläschen. Eine normale Erkältung kann sich zu einer Lungenentzündung entwickeln. Die meisten Formen sind vollständig heilbar.

Zu den Symptomen einer Lungenentzündung zählen Husten, Fieber, schnelle Atmung (mehr als 30 bis 40 Atemzüge in der Minute). Die Haut zwischen den Rippen erscheint eingesunken. Kontaktieren Sie sofort Ihren Service-Provider oder fahren Sie umgehend ins Krankenhaus, wenn Sie vermuten, dass Ihr Kind eine Lungenentzündung hat.

Meningitis

Meningitis kann sowohl eine virale als auch eine bakterielle Infektion der Hirnhaut und des Rückenmarks sein. Diese Krankheit kann zu langfristigen Gesundheitsschäden führen und die neurologische Entwicklung des Babys behindern. Glücklicherweise sind viele Formen behandelbar und einige können völlig geheilt werden.

Zu den Symptomen einer Hirnhautentzündung gehören Fieber, Reizbarkeit, Lethargie, Erbrechen, Krämpfe und/oder Anschwellen der Fontanellen (verursacht durch einen angestiegenen Druck im Gehirn). Suchen Sie sofort Ihren Kinderarzt oder das nächste Krankenhaus auf, wenn Sie Meningitis bei Ihrem Baby vermuten.

[Anhang]

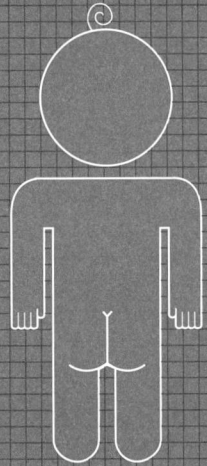

Produktpass

PERSÖNLICHE ANGABEN

○ Herr ○ Frau	Vorname		Nachname
○ Herr ○ Frau	Vorname		Nachname

Anschrift (Straße, Hausnummer)

PLZ	Stadt		Land

ANKUNFT DES MODELLS   ☐☐ / ☐☐ / ☐☐☐☐

Tag   Monat   Jahr

NAME DES MODELLS

Vorname/n	Nachname

MODELLMAß

Gewicht	Größe	Kopfumfang	Apgar-Zahl

NAME DES GEBURTSKRANKENHAUSES

NAME DES ARZTES

GESCHLECHT

HAARE ◯ Ja ◯ Nein | Wenn ja, Farbe ◯ schwarz ◯ blond ◯ braun ◯ rot

AUGENFARBE ◯ blau ◯ braun ◯ grau ◯ grün

ANDERE MERKMALE

◯ Männlich   ◯ Weiblich

Haben Sie das Modell selbst gekauft oder handelt es sich um ein Geschenk?

Ihre Gefühle und Ihre Reaktion bei der Entgegennahme und Inspektion des Modells:

Wie viele ähnliche Modelle besitzen Sie bereits?

Name	Alter	Name	Alter
Name	Alter	Name	Alter

Ihr Modell im Überblick

DER KOPF

KOPF: Kann, abhängig vom Modell und den Lieferoptionen, anfänglich ungewöhnlich groß oder sogar kegelförmig sein. Ein kegelförmiger Kopf rundet sich nach vier bis acht Wochen.

KOPFUMFANG: Der durchschnittliche Kopfumfang aller Modelle beträgt 35 cm. Jede Abmessung zwischen 32 und 37 cm befindet sich innerhalb der zulässigen Toleranz.

HAARE: Nicht bei jeder Bauart im Lieferumfang enthalten. Farbton kann variieren.

FONTANELLE (VORDERE/HINTERE): Auch als „weiche Stellen" bekannt. Fontanellen sind zwei Lücken im Schädel des Babys, wo die Knochen noch nicht zusammengewachsen sind. Üben Sie niemals Druck auf die Fontanellen aus. Diese sollten sich bis zum Ende des ersten Lebensjahres (oder kurz danach) vollständig geschlossen haben.

AUGEN: Die meisten europäisch-stämmigen Modelle werden mit blauen oder grauen Augen geliefert, afrikanische und asiatische Ausführungen normalerweise mit braunen Augen. Die Pigmentierung der Iris kann sich in den ersten Monaten mehrmals ändern. Die endgültige Augenfarbe Ihres Babys wird sich im Alter von neun bis zwölf Monaten einstellen.

HALS: Bei der Lieferung Ihres Babys scheint dieses Merkmal in der Regel außer Betrieb. Das ist kein Defekt. Der Hals wird seine Funktion in den nächsten zwei bis vier Monaten übernehmen.

Nahezu alle aktuellen Modelle werden mit folgenden vorinstallierten Eigenschaften und Leistungsmerkmalen geliefert. Sollte das Baby eine oder mehrere der hier beschriebenen Funktionen nicht aufweisen, kontaktieren Sie bitte sofort Ihren Service-Provider.

DER KÖRPER

HAUT: Die Haut Ihres Babys kann sehr empfindlich auf Chemikalienrückstände in neuer, ungewaschener Kleidung reagieren. Ebenso unverträglich kann die Haut auf Chemikalien in normalen Waschmitteln reagieren. Überlegen Sie, die gesamte Wäsche Ihres Haushalts auf Waschmittel ohne Duftstoffe und Chemikalien umzustellen.

NABELSCHNURREST: Dieser Fortsatz wird schorfig und fällt nach mehreren Wochen ab. Um Infektionen zu vermeiden und einen gesunden Nabel zu bilden, muss er sauber und trocken gehalten werden.

REKTUM: Das ist der Ausgabebereich des festen Outputs Ihres Babys. Ein an dieser Buchse angestecktes Thermometer misst die Körpertemperatur des Babys, die bei ungefähr 37 Grad liegen sollte.

GENITALIEN: Es ist normal, dass die Genitalien Ihres Babys etwas vergrößert wirken. Dies hat keine Auswirkungen auf die zukünftige Größe oder Form der Genitalien.

FLAUM: Manche Modelle werden mit vorinstalliertem Lanugo geliefert, einem flaumigen Haarmantel auf der Schulter oder dem Rücken. Dieser Flaum verschwindet innerhalb einiger Wochen.

GEWICHT: Das durchschnittliche Modell wiegt bei der Geburt 3,4 kg. Die Mehrheit wiegt zwischen 2,5 und 4,5 kg.

GRÖSSE: Das durchschnittliche Modell ist bei der Geburt 51 cm groß. Die Mehrheit misst zwischen 45 und 56 cm.

Babys Blasenfunktion

TAG	MONAT	DATUM	ANZAHL DER ENTLEERUNGEN
SO			
MO			
DI			
MI			
DO			
FR			
SA			
SO			
MO			
DI			
MI			
DO			
FR			
SA			
SO			
MO			
DI			
MI			
DO			
FR			
SA			

TAG	MONAT	DATUM	ANZAHL DER ENTLEERUNGEN
SO			
MO			
DI			
MI			
DO			
FR			
SA			
SO			
MO			
DI			
MI			
DO			
FR			
SA			
SO			
MO			
DI			
MI			
DO			
FR			
SA			

Babys Darmfunktion

DATUM	ZEIT	FARBE	KONSISTENZ	ENTLEERUNG
				○ leicht ○ pressen
				○ leicht ○ pressen
				○ leicht ○ pressen
				○ leicht ○ pressen
				○ leicht ○ pressen
				○ leicht ○ pressen
				○ leicht ○ pressen
				○ leicht ○ pressen
				○ leicht ○ pressen
				○ leicht ○ pressen
				○ leicht ○ pressen
				○ leicht ○ pressen
				○ leicht ○ pressen
				○ leicht ○ pressen
				○ leicht ○ pressen
				○ leicht ○ pressen
				○ leicht ○ pressen
				○ leicht ○ pressen
				○ leicht ○ pressen
				○ leicht ○ pressen

DATUM	ZEIT	FARBE	KONSISTENZ	ENTLEERUNG
				◯ leicht ◯ pressen
				◯ leicht ◯ pressen
				◯ leicht ◯ pressen
				◯ leicht ◯ pressen
				◯ leicht ◯ pressen
				◯ leicht ◯ pressen
				◯ leicht ◯ pressen
				◯ leicht ◯ pressen
				◯ leicht ◯ pressen
				◯ leicht ◯ pressen
				◯ leicht ◯ pressen
				◯ leicht ◯ pressen
				◯ leicht ◯ pressen
				◯ leicht ◯ pressen
				◯ leicht ◯ pressen
				◯ leicht ◯ pressen
				◯ leicht ◯ pressen
				◯ leicht ◯ pressen
				◯ leicht ◯ pressen
				◯ leicht ◯ pressen
				◯ leicht ◯ pressen

Stilltabelle

DATUM	BEGINN	STARTSEITE	MINUTEN AN DER BRUST
		◯ LINKS ◯ RECHTS	LINKS: _____ RECHTS: _____
		◯ LINKS ◯ RECHTS	LINKS: _____ RECHTS: _____
		◯ LINKS ◯ RECHTS	LINKS: _____ RECHTS: _____
		◯ LINKS ◯ RECHTS	LINKS: _____ RECHTS: _____
		◯ LINKS ◯ RECHTS	LINKS: _____ RECHTS: _____
		◯ LINKS ◯ RECHTS	LINKS: _____ RECHTS: _____
		◯ LINKS ◯ RECHTS	LINKS: _____ RECHTS: _____
		◯ LINKS ◯ RECHTS	LINKS: _____ RECHTS: _____
		◯ LINKS ◯ RECHTS	LINKS: _____ RECHTS: _____
		◯ LINKS ◯ RECHTS	LINKS: _____ RECHTS: _____
		◯ LINKS ◯ RECHTS	LINKS: _____ RECHTS: _____
		◯ LINKS ◯ RECHTS	LINKS: _____ RECHTS: _____
		◯ LINKS ◯ RECHTS	LINKS: _____ RECHTS: _____
		◯ LINKS ◯ RECHTS	LINKS: _____ RECHTS: _____
		◯ LINKS ◯ RECHTS	LINKS: _____ RECHTS: _____
		◯ LINKS ◯ RECHTS	LINKS: _____ RECHTS: _____
		◯ LINKS ◯ RECHTS	LINKS: _____ RECHTS: _____
		◯ LINKS ◯ RECHTS	LINKS: _____ RECHTS: _____
		◯ LINKS ◯ RECHTS	LINKS: _____ RECHTS: _____
		◯ LINKS ◯ RECHTS	LINKS: _____ RECHTS: _____
		◯ LINKS ◯ RECHTS	LINKS: _____ RECHTS: _____

DATUM	BEGINN	STARTSEITE	MINUTEN AN DER BRUST
		◯ LINKS ◯ RECHTS	LINKS: _____ RECHTS: _____
		◯ LINKS ◯ RECHTS	LINKS: _____ RECHTS: _____
		◯ LINKS ◯ RECHTS	LINKS: _____ RECHTS: _____
		◯ LINKS ◯ RECHTS	LINKS: _____ RECHTS: _____
		◯ LINKS ◯ RECHTS	LINKS: _____ RECHTS: _____
		◯ LINKS ◯ RECHTS	LINKS: _____ RECHTS: _____
		◯ LINKS ◯ RECHTS	LINKS: _____ RECHTS: _____
		◯ LINKS ◯ RECHTS	LINKS: _____ RECHTS: _____
		◯ LINKS ◯ RECHTS	LINKS: _____ RECHTS: _____
		◯ LINKS ◯ RECHTS	LINKS: _____ RECHTS: _____
		◯ LINKS ◯ RECHTS	LINKS: _____ RECHTS: _____
		◯ LINKS ◯ RECHTS	LINKS: _____ RECHTS: _____
		◯ LINKS ◯ RECHTS	LINKS: _____ RECHTS: _____
		◯ LINKS ◯ RECHTS	LINKS: _____ RECHTS: _____
		◯ LINKS ◯ RECHTS	LINKS: _____ RECHTS: _____
		◯ LINKS ◯ RECHTS	LINKS: _____ RECHTS: _____
		◯ LINKS ◯ RECHTS	LINKS: _____ RECHTS: _____
		◯ LINKS ◯ RECHTS	LINKS: _____ RECHTS: _____
		◯ LINKS ◯ RECHTS	LINKS: _____ RECHTS: _____
		◯ LINKS ◯ RECHTS	LINKS: _____ RECHTS: _____

BABYS SCHLAFTABELLE

	SO	MO	DI	MI	DO	FR	SA	SO	MO	DI	MI	DO	FR	SA
23.30 Uhr														
23.00 Uhr														
22.30 Uhr														
22.00 Uhr														
21.30 Uhr														
21.00 Uhr														
20.30 Uhr														
20.00 Uhr														
19.30 Uhr														
19.00 Uhr														
18.30 Uhr														
18.00 Uhr														
17.30 Uhr														
17.00 Uhr														
16.30 Uhr														
16.00 Uhr														
15.30 Uhr														
15.00 Uhr														
14.30 Uhr														
14.00 Uhr														
13.30 Uhr														
13.00 Uhr														
12.30 Uhr														
12.00 Uhr														
11.30 Uhr														
11.00 Uhr														
10.30 Uhr														
10.00 Uhr														
09.30 Uhr														
09.00 Uhr														
08.30 Uhr														
08.00 Uhr														
07.30 Uhr														
07.00 Uhr														
06.30 Uhr														
06.00 Uhr														
05.30 Uhr														
05.00 Uhr														
04.30 Uhr														
04.00 Uhr														
03.30 Uhr														
03.00 Uhr														
02.30 Uhr														
02.00 Uhr														
01.30 Uhr														
01.00 Uhr														
00.30 Uhr														
00.00 Uhr														

	SO	MO	DI	MI	DO	FR	SA	SO	MO	DI	MI	DO	FR	SA
23.30 Uhr														
23.00 Uhr														
22.30 Uhr														
22.00 Uhr														
21.30 Uhr														
21.00 Uhr														
20.30 Uhr														
20.00 Uhr														
19.30 Uhr														
19.00 Uhr														
18.30 Uhr														
18.00 Uhr														
17.30 Uhr														
17.00 Uhr														
16.30 Uhr														
16.00 Uhr														
15.30 Uhr														
15.00 Uhr														
14.30 Uhr														
14.00 Uhr														
13.30 Uhr														
13.00 Uhr														
12.30 Uhr														
12.00 Uhr														
11.30 Uhr														
11.00 Uhr														
10.30 Uhr														
10.00 Uhr														
09.30 Uhr														
09.00 Uhr														
08.30 Uhr														
08.00 Uhr														
07.30 Uhr														
07.00 Uhr														
06.30 Uhr														
06.00 Uhr														
05.30 Uhr														
05.00 Uhr														
04.30 Uhr														
04.00 Uhr														
03.30 Uhr														
03.00 Uhr														
02.30 Uhr														
02.00 Uhr														
01.30 Uhr														
01.00 Uhr														
00.30 Uhr														
00.00 Uhr														

Regelmäßige Inspektionen

Um sicherzustellen, dass Ihr Modell in allen Bereichen mit höchster Effizienz arbeitet, sollten die empfohlenen Service-Checkups eingehalten werden. Die folgenden Checklisten für Standardfrühuntersuchungen beschreiben empfohlene Inspektionen und Updates, damit sich Ihr Baby unter normalen Bedingungen entwickeln kann. Abweichungen aufgrund des gesundheitlichen Zustands Ihres Babys erfordern möglicherweise einen abweichenden Zeitplan, den Ihnen Ihr Service-Provider empfehlen wird.

Die Termine können auch im Hinblick auf Impfungen oder andere Updates für Ihr Baby von den unten genannten Zeitpunkten abweichen. Andere Updates können über einen anderen Zeitraum hinweg installiert werden. Besprechen Sie mit Ihrem Service-Provider den idealen Terminplan für Ihr Modell.

Hier finden Sie Übersichten für Untersuchungen zur Geburt, zwischen drittem und zehntem Tag sowie in der 4.–6. Lebenswoche, im 3.–4. Monat, im 6.–7. Monat, im 10.–12. Monat sowie im 21.–24.Monat.

Weitere Inspektionen können Sie bei Ihrem Service-Provider im 43.–48. Monat sowie im 60.–64. Monat vornehmen lassen. Impftermine sollten regelmäßig mit weiteren Installationen fortgeführt werden. Weitere Serviceinstallationen werden Ihnen von Ihrem Service-Provider aufgrund früherer Installationen empfohlen.

EXPERTENTIPP: In vielen Studien konnte kein Zusammenhang zwischen der Dreifachimpfung MMR (gegen Masern, Mumps und Röteln) und Autismus festgestellt werden. Die ursprüngliche Studie aus England, die 1998 einen solchen Zusammenhang gesehen hat, wurde widerlegt. Einen offiziellen Impfkalender der Ständigen Impfkommission (STIKO), der den neuesten Forschungsstand berücksichtigt, finden Sie auf der Website der Bundesärztekammer http://www.bundesaerztekammer.de/page.asp?his=0.7.47.3208.

U1

Zeitpunkt: Geburt
STUNDEN NACH DER GEBURT: 0–1 (APGAR-Test)

Jahr _____

Fabrikat _____

Modell _____

❏ Körpermaße

     ❏ Körperlänge _____

     ❏ Körpergewicht _____

     ❏ Kopfumfang _____

     ❏ Blutdruck _____/_____

❏ Untersuchung der Sinnesorgane

     ❏ Sehvermögen/optische Sensoren (positiv/negativ)

     ❏ Hörvermögen/auditive Sensoren (positiv/negativ)

❏ Untersuchung der Entwicklung (positiv/negativ)

❏ Körperliche Untersuchung

❏ Flüssigkeitsuntersuchungen

     ❏ Blutentnahme

❏ Gabe von Vitamin-K-Tropfen

❏ Ergänzungen _____

Untersuchung durchgeführt von _____

U2

Zeitpunkt: 3.–10. Tag

Jahr _____

Fabrikat _____

Modell _____

❏ **Körpermaße**

      ❏ **Körperlänge** ____

      ❏ **Körpergewicht** ____

      ❏ **Kopfumfang** _____

      ❏ **Blutdruck (optional)** ____/_____

❏ **Untersuchung der Sinnesorgane**

      ❏ **Sehvermögen/optische Sensoren (positiv/negativ)**

      ❏ **Hörvermögen/auditive Sensoren (positiv/negativ)**

❏ **Untersuchung der Entwicklung (positiv/negativ)**

❏ **Körperliche Untersuchung**

❏ **Flüssigkeitsuntersuchungen**

❏ **Gabe von Vitamin-K-Tropfen**

❏ **Ergänzungen** _____

Untersuchung durchgeführt von _____

U3

Zeitpunkt: 4.–6. Woche

Jahr _____

Fabrikat _____

Modell _____

❏ **Körpermaße**

       ❏ **Körperlänge** _____

       ❏ **Körpergewicht** _____

       ❏ **Kopfumfang** _____

       ❏ **Blutdruck (optional)** _____/_____

❏ **Untersuchung der Sinnesorgane**

       ❏ **Sehvermögen / optische Sensoren (positiv / negativ)**

       ❏ **Hörvermögen / auditive Sensoren (positiv / negativ)**

❏ **Untersuchung der Entwicklung (positiv / negativ)**

❏ **Körperliche Untersuchung**

❏ **Flüssigkeitsuntersuchungen**

❏ **Impfungen**

       ❏ **Hepatitis B (HepB)**

       ❏ **Rotaviren (RV)**

       ❏ **Diphtherie, Tetanus, Pertussis**

       ❏ **Haemophilus influenzae, Typ b (Hib)**

       ❏ **Pneumokokken**

       ❏ **Poliomyelitis**

❏ **Hüftsonogramm**

❏ **Ergänzungen** _____

Untersuchung durchgeführt von _____

U4

Zeitpunkt: 4.–6. Monat

Jahr _____

Fabrikat _____

Modell _____

❏ **Körpermaße**

      ❏ **Körperlänge** ____

      ❏ **Körpergewicht** ____

      ❏ **Kopfumfang** _____

      ❏ **Blutdruck (optional)** ____/_____

❏ **Untersuchung der Sinnesorgane**

      ❏ **Sehvermögen/optische Sensoren (positiv/negativ)**

      ❏ **Hörvermögen/auditive Sensoren (positiv/negativ)**

❏ **Untersuchung der Entwicklung (positiv/negativ)**

❏ **Körperliche Untersuchung**

❏ **Flüssigkeitsuntersuchungen**

❏ **Impfungen**

      ❏ **Hepatitis B (HepB)**

      ❏ **Rotaviren (RV)**

      ❏ **Diphtherie, Tetanus, Pertussis**

      ❏ **Haemophilus influenzae, Typ b (Hib)**

      ❏ **Pneumokokken**

      ❏ **Poliomyelitis**

❏ **Ergänzungen** _____

Untersuchung durchgeführt von _____

U5

Zeitpunkt: 6.–7. Monat

Jahr _____

Fabrikat _____

Modell _____

❏ **Körpermaße**

      ❏ **Körperlänge** _____

      ❏ **Körpergewicht** _____

      ❏ **Kopfumfang** _____

      ❏ **Blutdruck (optional)** _____ / _____

❏ **Untersuchung der Sinnesorgane**

      ❏ **Sehvermögen / optische Sensoren (positiv / negativ)**

      ❏ **Hörvermögen / auditive Sensoren (positiv / negativ)**

❏ **Untersuchung der Entwicklung (positiv / negativ)**

❏ **Körperliche Untersuchung**

❏ **Flüssigkeitsuntersuchungen**

      ❏ **Blutentnahme**

❏ **Impfungen**

      ❏ **Hepatitis B (HepB)**

      ❏ **Rotaviren (RV)**

      ❏ **Diphtherie, Tetanus, Pertussis**

      ❏ **Haemophilus influenzae, Typ b (Hib)**

      ❏ **Pneumokokken**

      ❏ **Poliomyelitis**

❏ **Orale Untersuchung**

❏ **Ergänzungen** _____

Untersuchung durchgeführt von _____

U6

Zeitpunkt: 10.–12. Monat

Jahr _____

Fabrikat _____

Modell _____

❏ **Körpermaße**

    ❏ **Körperlänge** _____

    ❏ **Körpergewicht** _____

    ❏ **Kopfumfang** _____

    ❏ **Blutdruck (optional)** _____/_____

❏ **Untersuchung der Sinnesorgane**

    ❏ **Sehvermögen / optische Sensoren (positiv / negativ)**

    ❏ **Hörvermögen / auditive Sensoren (positiv / negativ)**

❏ **Untersuchung der Entwicklung (positiv / negativ)**

❏ **Körperliche Untersuchung**

❏ **Flüssigkeitsuntersuchungen**

❏ **Impfungen**

    ❏ **Hepatitis B (HepB)**

    ❏ **Diphtherie, Tetanus, Pertussis**

    ❏ **Haemophilus influenzae, Typ b (Hib)**

    ❏ **Pneumokokken**

    ❏ **Poliomyelitis**

    ❏ **Meningokokken C**

    ❏ **Masern, Mumps, Röteln (MMR)**

    ❏ **Varizellen**

❏ **Orale Untersuchung**

❏ **Ergänzungen** _____

Untersuchung durchgeführt von _____

U7

Zeitpunkt: 21.–24. Monat

Jahr _____

Fabrikat _____

Modell _____

❏ **Körpermaße**

    ❏ **Körperlänge** ____

    ❏ **Körpergewicht** ____

    ❏ **Kopfumfang** _____

    ❏ **Blutdruck (optional)** ____/_____

❏ **Untersuchung der Sinnesorgane**

    ❏ **Sehvermögen / optische Sensoren (positiv / negativ)**

    ❏ **Hörvermögen / auditive Sensoren (positiv / negativ)**

❏ **Untersuchung der Entwicklung (positiv / negativ)**

❏ **Körperliche Untersuchung**

❏ **Flüssigkeitsuntersuchungen**

❏ **Impfungen**

    ❏ **Meningokokken C**

    ❏ **Masern, Mumps, Röteln (MMR)**

    ❏ **Varizellen**

❏ **Orale Untersuchung**

❏ **Ergänzungen** _____

Untersuchung durchgeführt von _____

FAQ – Häufig gestellte Fragen

Kann mein Baby überhitzen?

Ja. Wenn ein Baby überhitzt ist, bezeichnet man diesen Zustand als Fieber. Das Fieber selbst ist nicht das Problem. Es ist vielmehr ein Hinweis auf eine Infektion, und beinahe jede Infektion (insbesondere jede Vireninfektion) ist von erhöhter Temperatur begleitet. Fieber spielt ebenso eine wichtige Rolle bei der Verlangsamung der Ausbreitung von Infektionen: Viren replizieren sich langsamer in einer Umgebung mit hoher Temperatur. Manche Kinderärzte empfehlen, Fieber unter 39,5 Grad nicht zu behandeln.

Bei Fieber ist entscheidend, wie hoch es ist, wie lange es anhält und ob es mit anderen Symptomen einhergeht. Ab einer Temperatur von 39,7 Grad sollte ein lauwarmes Schwammbad angewendet und Paracetamol oder Ibuprofen verabreicht werden. Hält das Fieber länger als drei Tage an, kontaktieren Sie bitte Ihren Service-Provider.

Stellen Sie bei Ihrem Baby Lethargie, Erbrechen, einen steifen Hals, deutliche Schmerzen, Atemprobleme (schnelle Atmung oder Einsatz der Atemhilfsmuskulatur) oder Ausschlag fest, konsultieren Sie ebenfalls umgehend Ihren Service-Provider.

Wann sollte mein Baby anfangen, feste Nahrung zu essen?

Aus Ernährungs- oder Entwicklungssicht ist es nicht notwendig, dass Babys vor dem sechsten bis neunten Monat mit der Nahrungsumstellung beginnen. Einen guten Hinweis auf den richtigen Zeitpunkt gibt Ihr Kind selbst, wenn es Neugier auf feste Nahrung zeigt.

Wie viele Windeln benötige ich und wann kann ich mit dem Toilettentraining meines Babys beginnen?

Durchschnittlich benötigt ein Baby allein in seinem ersten Lebensjahr zwischen 2200 und 2900 Windeln! Wann Sie mit dem Toilettentraining Ihres Kindes beginnen, hängt ganz von Ihnen ab. Manche User beginnen bereits in der ersten Woche und halten ihr Baby über ein Töpfchen, sobald es erste Anzeichen von Blasentätigkeit zeigt. Andere User starten ab einem Alter von knapp 18 Monaten, wenn das Baby seine Blasenfunktionen besser beherrschen kann, in der Lage ist sich zu verständigen und ein Belohnungssystem zu schätzen weiß. Wieder andere User implementieren den Prozess erst, wenn das Kind drei Jahre alt ist und seine kommunikativen Fähigkeiten den Trainingsprozess beschleunigen. Das Toilettentraining sollte erfolgreich abgeschlossen sein, wenn Ihr Kind in den Kindergarten kommt.

Ich mache regelmäßig ein Update für den Virenschutz. Warum ist mein Baby so oft krank?

Im ersten Lebensjahr und in den Folgejahren entwickelt Ihr Kind sein Immunsystem. Selbst wenn Sie regelmäßig Ihren Service-Provider zur Inspektion aufsuchen und alle Updates installieren: 70 Prozent aller Krankheiten bei Babys und Kleinkindern sind Virenerkrankungen. Die Heilung erfolgt normalerweise durch das körpereigene Immunsystem. Wenn Ihr Baby mit einer für es neuen Virenerkrankung konfrontiert wird, ist das eine Gelegenheit, seinen Körper dagegen zu immunisieren.

Generell sind Babys im ersten Lebensjahr häufig krank. Überdurchschnittlich viele Erkrankungen können ein Anzeichen auf Allergien sein. Noch signifikanter kann es sein, wenn Ihr Baby wiederholt unter ernsthaften bakteriellen Infektionen, wie Lungenentzündung, Staphylokokken oder Meningitis (Hirnhautentzündung) leidet. Benachrichtigen Sie in solchen Fällen umgehend Ihren Service-Provider.

Bieten Service-Provider einen Rundum-die-Uhr-sieben-Tage-die-Woche-Service? Wen kann ich außerhalb der Sprechzeiten kontaktieren?

In einem Notfall rufen Sie immer sofort die 112 an. Für den Fall, dass die Situation außerhalb der Sprechzeiten Ihres Service-Providers nicht lebensbedrohlich ist, aber die Notwendigkeit einer Untersuchung besteht, suchen Sie eine ärztliche Bereitschaftspraxis oder eine Kinderklinik auf. Im Anschluss an die Behandlung wird Ihnen ein Arztbrief für Ihren Service-Provider mitgegeben.

Soll ich mein Baby wirklich impfen lassen?

User lassen sich derzeit in der Regel einer der drei folgenden Kategorien zuordnen:

[1] User, die regelmäßig ein Update des Virenschutzes ihres Babys, entsprechend den Impfempfehlungen der Ständigen Impfkommission (STIKO), vornehmen.

[2] User, die einen individuellen Zeitplan verfolgen und entweder längere Zeiten zwischen den Impfungen einhalten oder spezielle Impfstoffe, die sie ablehnen, nicht verabreichen lassen.

[3] User, die Impfungen generell ablehnen.

Manche User sind wegen der Konservierungsstoffe oder Zusatzstoffe, die bei der Herstellung von bestimmten Impfstoffen verwendet werden, besorgt. Thiomersal (Natriumsalz einer organischen Quecksilberverbindung) wurde mittlerweile aus fast allen üblichen Impfstoffen entfernt. Kleine Mengen an Aluminium werden bei einigen Impfstoffen als Zusatzstoff eingesetzt, um den Wirkungsgrad des Impfstoffes zu erhöhen.

Da Ihr Baby kein automatisches Update-Programm vorinstalliert hat, liegt es in Ihrer Verantwortung, alle notwendigen Informationen einzuholen, um eine fundierte Entscheidung bezüglich der Gesundheit Ihres Babys treffen zu können.

Es kursieren so viele Informationen. Welchen kann ich Glauben schenken?

Viele User, die erstmals mit der Wartung und Sorge um ein Baby betraut sind, stellen fest, dass es eine unendliche Fülle an Informationen gibt. Halten Sie sich an folgende Richtlinien, um die Informationen einordnen zu können:

[1] Vertrauen Sie auf Ihren Instinkt und Ihre Intuition.

[2] Übernehmen Sie die Verantwortung für Ihr Baby.

[3] Seien Sie sich darüber klar, dass niemals ein Einzelner Fachmann für jedes Baby sein kann. Wählen Sie die Informationen aus, die zu Ihnen und Ihrem Erziehungsstil passen.

Erste Hilfe bei der Fehlerbehebung

Wenn Ihr Baby einmal nicht mit optimaler Leistung arbeitet, versuchen Sie mit Hilfe der folgenden Übersicht die häufigsten Fehler zu beheben. Sollte der Fehler weiterhin auftreten, kontaktieren Sie bitte Ihren Service-Provider.

PROBLEM	MÖGLICHE URSACHE	MÖGLICHE ABHILFE
Baby verströmt einen unangenehmen Geruch …	Blähungen	Schalten Sie einen Ventilator ein oder entfernen Sie die Geruchsquelle.
	Volle Windel	Entfernen Sie die alte Windel und installieren Sie eine neue.
der unerträglich ist/wiederholt auftritt	Durchfall	Leicht verdauliche Nahrung und viel Flüssigkeit zuführen; u.U. Elektrolytlösung geben.
und der Stuhlgang ist:		
schwarz	Kindspech	Keine. Kindspech ist bei Ihrem Baby vorinstalliert und sollte innerhalb von 1–2 Wochen nach Lieferung von selbst verschwinden.
körnig	Muttermilch	Keine. „Körniges" Auftreten von Stuhlgang ist bei gestillten Babys normal.
grün	Erbsen	Die Energieversorgung Ihres Babys hat Einfluss auf die Farbe und Konsistenz des Outputs. Das ist normal.

PROBLEM	MÖGLICHE URSACHE	MÖGLICHE ABHILFE
Baby verströmt keinen unangenehmen Geruch.	Verstopfung	Die Energieversorgung Ihres Babys hat Einfluss auf die Farbe und Konsistenz des Outputs. Das ist normal.
		Messen Sie die Körpertemperatur am Po des Babys.
		Führen Sie ein Baby-geeignetes Abführzäpfchen ein.
		Kontaktieren Sie Ihren Service-Provider, wenn kein Stuhlgang erzeugt wird.
Flüssigkeit quillt aus dem Baby von ...		
optischen Sensoren	Mehrere Möglichkeiten	Siehe „Baby weint".
Nase	Allergie, Zahnen, Erkrankung	Wischen Sie die Nase des Babys mit einem weichen Papiertaschentuch ab.
Mund	Zahnen	Bieten Sie ihm einen gefrorenen oder kalten Gegenstand an (Beißring o. ä.).
		Legen Sie ein Lätzchen über das Gesicht, um das Leck am oralen Port zu absorbieren.
Mitte	Der Tank ist voll	Siehe „Entsorgung verdauter Nahrung"
	Unsachgemäß installierte Windel	Entfernen und reinstallieren Sie die Windel. Der Penis muss nach unten zeigen (nur männliches Modell).
	Die Kapazität der Windel ist erschöpft.	Entfernen und reinstallieren Sie die Windel.

PROBLEM	MÖGLICHE URSACHE	MÖGLICHE ABHILFE
Baby läuft nicht aus	Dehydration	Erhöhen Sie die Flüssigkeitszufuhr des Babys.
		Führen Sie eine Elektrolytlösung zu.
		Konsultieren Sie Ihren Service-Provider.
Baby nimmt keine Nahrung auf	Der Tank ist voll	Warten Sie 60 Minuten und versuchen Sie den Vorgang der Energieversorgung erneut.
	Krankheit	Kontaktieren Sie Ihren Service-Provider.
Baby wirft Nahrung aus	Der Tank ist voll	Stoppen Sie die Nahrungszufuhr.
	Blähungen	Bäuerchen machen. Wischen Sie die ausgeworfene Nahrung von der Kleidung ab.
	Krankheit	Konsultieren Sie Ihren Service-Provider.
Baby schreit, wenn es aufgenommen wird	Nasse oder volle Windel	Entfernen und reinstallieren Sie die Windel.
	Hunger	Füttern Sie das Baby.
	Überhitzung	Beobachten Sie die Temperatur und passen Sie Kleidung und Decken entsprechend an.
	Kälte	Beobachten Sie die Temperatur und passen Sie Kleidung und Decken entsprechend an.
	Müdigkeit	Aktivieren Sie den Schlafmodus.
	Blähungen	Bäuerchen machen.
	Einsamkeit, Angst, Verletzung	Zuneigung und/oder Trost für das Baby.
		Installieren Sie einen natürlichen oder künstlichen Beruhigungssauger.

PROBLEM	MÖGLICHE URSACHE	MÖGLICHE ABHILFE
Baby schreit, wenn es hingelegt wird	Mittelohrentzündung	Geben Sie einen Tropfen warmes Olivenöl in beide auditiven Sensoren des Babys.
Baby schreit in jeder Lage	Krankheit, Zahnen, Kolik	Wenn das Weinen länger als 30 Minuten anhält, kontaktieren Sie bitte Ihren Service-Provider.
Baby will …		
den Schlaf-modus nicht aktivieren	Nicht müde	Spielen Sie mit dem Baby. Machen Sie einen Spaziergang.
nicht erneut in den Schlaf-modus umschalten	Übermüdet, überreizt	Baby nicht weiter stimulieren. Lichter löschen. Baby sanft wiegen. Versuchen Sie den Schlaf-modus zu reaktivieren.
den Schlaf-modus nicht aufrecht-erhalten	Nasse oder volle Windel	Entfernen und reinstallieren Sie die Windel.
	Hunger	Füttern Sie das Baby.
	Unruhig	Prüfen Sie Kleidung und Spielzeug des Babys auf Störfaktoren. Wechseln Sie die Kleidung. Entfernen oder ergänzen Sie eine dünne Decke oder ein Laken.

PROBLEM	MÖGLICHE URSACHE	MÖGLICHE ABHILFE
Baby will … den Schlaf-modus keinesfalls aktivieren, reaktivieren oder aufrecht-erhalten, egal was ich tue.	Angst Funktion unbekannt	Zuneigung und Trost für das Baby. Lehren Sie Ihr Baby den User-aktivierten Schlafmodus. Dieser Zustand sollte nur temporär anhalten.

Register

ZERTIFIKAT

**Herzlichen Glückwunsch! Sie haben nun alle Instruktionen dieses Handbuchs
gelesen und sind perfekt vorbereitet für die Instandhaltung Ihres neuen Babys.
Mit der richtigen Wartung und Aufmerksamkeit wird Ihnen Ihr Modell ein Leben lang
Freude und Glück bereiten. Genießen Sie es!**

Name des Besitzers

Name des Modells

Lieferdatum

Liefergewicht

Liefergröße

Geschlecht

Augenfarbe

Haarfarbe

GARANTIE

Diese Gebrauchsanweisung kann keine Garantie für Ihr Baby abgeben. Anders als ein Fahrzeug wird Ihr Baby immer mehr an Wert zunehmen, nachdem Sie mit ihm nach Hause gefahren sind. Die Aufmerksamkeit, die Sie dem Baby angedeihen lassen, ist eine gute Investition.

Insofern willigen Sie mit dem Erwerb eines Babys ein:

1. stets die Energieversorgung des Babys zu gewährleisten;
2. eine ordnungsgemäße Instandhaltung aufrechtzuerhalten;
3. regelmäßig Ausstattung und Pflege zu aktualisieren;
4. für ausreichenden Ruhemodus zu sorgen;
5. den Service-Provider regelmäßig aufzusuchen, um Checks und Wartung durchführen zu lassen;
6. das Wachstum und die Entwicklung des Babys so gut als möglich zu unterstützen;
7. Liebe, emotionale Unterstützung und angemessene Hilfe zu gewähren;
8. Freude an Ihrem Kind zu haben!

_____

Unterschrift

Die Autoren:

DR. LOUIS BORGENICHT kennt aus seiner über 20 Jahre währenden Praxis als Kinderarzt all die Fragen zu Inbetriebnahme und Instandhaltung von Babys. Er ist Assistant Professor of Pediatrics an der University of Utah und im Vorstand der Physicians of Social Responsibility. 2002 wurde er vom »Ladies Home Journal« als bester Kinderarzt in Utah ausgezeichnet.

JOE BORGENICHT ist P.A.P.A. und ruft häufig seinen eigenen Vater an, um ihn um Rat zu fragen. Er arbeitet als Autor und Unternehmer und hält zusammen mit seiner Frau Melanie erfolgreich die beiden gemeinsamen Söhne in Betrieb.

Die Illustratoren:

PAUL KEPPLE und **JUDE BUFFUM** sind besser bekannt als Studio **HEADCASE DESIGN**, das in Philadelphia angesiedelt ist. Über ihre Arbeit wurde in zahlreichen Designpublikationen berichtet, wie z. B. in *American Illustration*, *Communication Arts* und *Print*. Vor der Eröffnung von Headcase 1998 arbeitete Paul mehrere Jahre für Running Press Book Publishers. Beide machten ihren Abschluss an der Tylor School of Art, wo sie heute auch unterrichten. Als Jude noch Kind war, programmierten seine Besitzer oft für lange Zeiträume seinen Schlafmodus. Pauls Eigentümer versuchten mehrfach, ihr Modell umzutauschen, da sie meinten, seine Unfähigkeit zu Haarwachstum sei ein Herstellungsfehler.

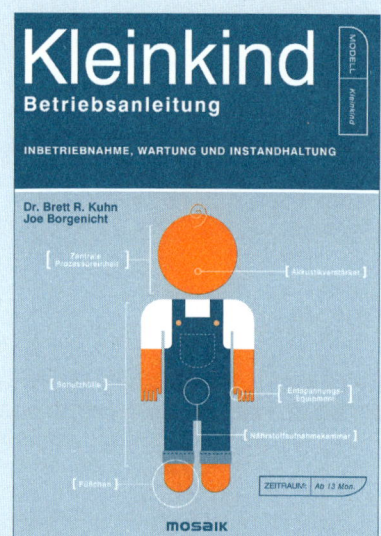

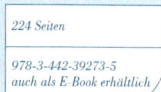